햇빛연금 鬪爭記

햇빛연금 鬪爭記

초판 1쇄 펴낸 날 2025년 10월 24일
초판 2쇄 펴낸 날 2025년 12월 31일

지은이 | 박우량 / 박 훈
펴낸곳 | 도서출판 아람
　　　　　aram246@daum.net

저작권자 ⓒ 박우량 / 박 훈 2025
이 책의 저작권은 저자에게 있습니다.
저자의 허락없이 내용의 일부를 인용하거나 발췌하는 것을 금합니다.

ISBN 979-11-986870-6-7(03060)

값은 뒤표지에 있습니다. 잘못된 책은 구입하신 곳에서 바꾸어 드립니다.

만든 사람들
교정 | 유수경　　편집 | 김혜수

기후위기와 지역소멸을 해결하는
신재생에너지 기반 기본소득·연금정책

햇빛연금 鬪爭記 _{투쟁기}

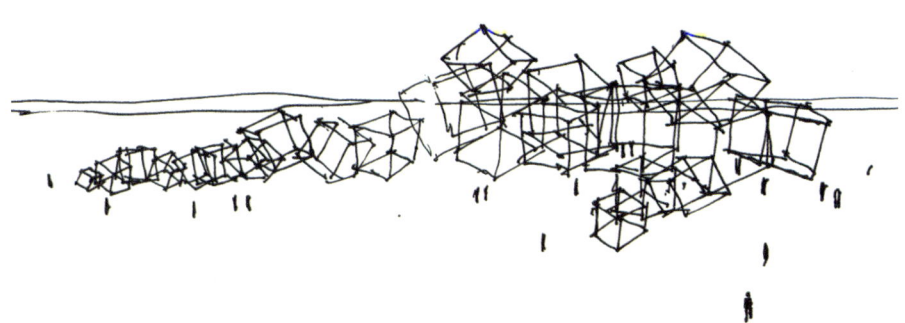

안토니 곰리(Antony Gormniey),
신안군 비금도에 조성중인 설치 미술
<엘리멘탈 Elemental>의 스케치, 2020년

도서출판 아람

서문

나는 왜
햇빛연금이 세상에 나오는 과정을
투쟁기라고 부르는가?

2022년부터 2023년까지 2년간 지속가능발전지방정부협의회 활동을 하면서, 당시 협의회 회장이었던 박우량 신안군수의 군정철학과 '재생에너지 이익 공유제'를 비롯한 신안군의 다양한 정책, 현장 상황, 그리고 신안군민들의 삶을 자세히 살펴볼 수 있는 기회가 있었다.

최근 햇빛·바람연금이 주목을 받으면서 여러 지방정부가 유사한 정책을 준비하고 있고, '농어민 주민수당'과 같은 정책도 대두되고 있다. 2026년 지방선거를 고려하면 앞으로 더 많은 지역에서 이러한 정책이 추진될 것으로 예상된다.

그러나 현재 준비 중인 여러 지역의 과정을 살펴보면, 지역 문제에 대한 인식, 정책 실행 방식, 최종 목표 설정 면에서 신안군의 햇빛연금과는 상당한 차이를 보인다.

박우량 군수가 재임 시절 신안군민들과 함께 햇빛연금 정책과 다양한 지역 재생 정책을 기획하고 추진한 과정을 자세히 소개하면, 다른 지역 정책 수립에도 도움이 될 수 있다는 취지에서 글을 쓰게 되었다.

나는 지역 재생에 관한 박우량 군수와 신안군민들의 14년 기록을 '투쟁기(鬪爭記)'로 서술하였다.

햇빛연금 정책이 구체화되기까지의 과정은 당시 박우량 신안군수, 이를 담당했던 신안군청 공무원, 그리고 신안군민들의 잔혹한 투쟁의 연속이다.

사회적 배제와 지역적 소외, 삶의 질 저하와 인구 감소, 이를 방조하는 중앙정부와 정치권과의 길고 긴 투쟁의 기록이기도 하다.

이재명 정부의 "햇빛연금·바람연금"의 공약화와 국정과제 반영 노력을 환영한다.

투쟁기를 통해 정책의 근간이 되는 이론과 철학, 이 힘겨운 투쟁의 이면에 숨겨진 근본적인 문제의식, 추진 과정에서의 군수와 주민들의 고뇌, 고비 고비마다의 애닯음과 갈등, 순간순간을 이겨낸 빛나는 지혜와 현장의 목소리들이 독자에게 도움이 되길 바란다.

'햇빛연금, 바람연금' 정책이 "기후위기 시대를 대비하는 재생에너지 확대 정책이냐?, 지역 저활력화 시대를 극복하는 지역 재생 정책이냐?"라는 구분은 "결국 기본소득을 핵심 목표로 재생에너지 확대를 활용해 주민 삶의 질 향상을 최종 목표로 삼느냐?", "재생에너지 확대를 최종 목표로 주민 참여를 활용해 탄소중립 중심으로 가느냐?"라는 목표에 달려있다.

정책의 초기에는 유사한 흐름이지만, 결과는 전혀 다른 양상으로 나타날 것이다. 이 구분에 따라 햇빛·바람연금 정책의 대상과 우선 추진 지역도 범위가 크게 달라지며, 사용되는 재원과 활용되는 정책 체계에도 큰 차이가 생기게 될 것이다.

최근 기후위기 대응을 위한 융복합형 부처 필요성이 강조되는 이유다.

현재 대한민국 정부의 관성과 시각으로는, 햇빛과 바람을 활용해 주민에게 연금을 지급하는 발상을 올바른 일로 판단하지 않기 때문이다.

박우량 군수는 2006년 군수 부임 이후 지역 재생의 철학과 주민 삶의 질 향상을 위한 근본적인 방법론을 고민했다.

갯벌 유네스코 유산 등재, 생태계 보존, 친환경 정책을 바탕으로 주민 삶과 밀접한 버스공영제 같은 생활형 정책을 기둥으로 세우고, 컬러 마케팅에 기반한 1도 1뮤지움 지역 정책을 지붕으로 덧씌웠다.

이 글에 모든 과정을 다 담을 수는 없었지만, 시간적 범주는 14년간의 기록이다.

지역 정책은 특색과 고유색이 있어, 특정 정책이 단 한 번의 기획과 시도로 성공하기는 매우 어렵다.

더욱이 열악한 재정자립도와 접근성이 떨어지는 섬 지역이라는 특수성을 감안할 때, 햇빛연금 정책 초기 단계의 성과와 전국적 관심은, 여러 유형의 시행착오와 정부 정책·제도와의 대립, 군민 갈등을 해결했던 신안군수의 투쟁력과 군민들의 호응의 결과물이다.

이 책은 그 투쟁의 단면들을 박우량 군수 인터뷰를 바탕으로 필자의 관점에서 정리해 기록한 것이다.

'햇빛연금 초기 단계'라는 표현에는 신안군 햇빛·바람연금 정책이 이후 주거, 교육, 의료, 교통과 연계된 확장된 형태의 기본소득 정책으로 진화할 수 있고, 여러 유사 정책과의 융합 가능성을 고려하면 앞으로도 많은 논쟁과 갈등을 예고하는 정책임을 전제한 것이다.

이 논쟁과 갈등을 고찰하고 복기하는 과정 없이, 시장과 군수의 추진력만으로 관련 조례를 제정하고 재생에너지 시설을 설치하여 개발이익을 주민들과 공유할 수 있다는 생각은 오판이다.

햇빛연금이 세상에 나오기까지 과정마다 어려운 난제들이 나타났고, 하나하나 단추를 꿰맞춰 가는 과정에도 군수, 공무원, 주민들의 많은 노력이 필요했다.

이 정책의 기획과 추진의 중심에 있던 박우량 군수의 어려움을 되살펴 보니, "지역의 자연을 보존하고 군민들의 근본적인 삶을 보살피는 것이 최고의 정치"라는 단순한 결론에 도달하게 된다.

이 단순하면서 간단한 명제가 왜 투쟁의 기록으로 변질되었는지 그 과정을 기록하고 싶었다.

박우량 군수가 '햇빛·바람연금'을 추진하는 과정에서 만난 일들은 중앙정부, 정치권, 서울 중심으로 표현되는 기득권 세력, 경직된 관료주의, 비도덕적인 자본 투자 체계, 미성숙한 지역 자치와 주민들의 상실감, 작동하지 않는 민·관 협력 시스템이었을 것이다.

공직 생활 기간이 짧지 않고, 지역에서 막강한 권한을 가진 군수의 위치였지만, 신안의 섬을 보존하고 군민들의 삶을 보살피는 새로운 정책을 추진하는 과정은 대립과 갈등의 연속이었다.

가장 핵심적인 장애를 돌파하는 방법은 결국 군수가 결단하고, 지역 공무원과 주민들과 함께 "싸우고 맞서서 쟁취하는" 방법밖에 없었다고 전했다.

결국 이 역사는 '투쟁기'로 기록할 수밖에 없다.

서울에서 가장 멀리 떨어진 척박한 땅에서, 지역 저활력화와 인구 감소에 맞서고, 정부의 관행과 제도적 오류, 기형화된 사회 구조에 강렬히 저항하며, 섬의 자연과 주민들의 힘겨운 삶을 지키기 위해 몸부림친 한 군수의 14년간 치열한 투쟁의 기록이다.

2025년 10월

박 훈

왜 하필 '투쟁기'인가?

오수길
생태전환지원재단 이사장

'리더십'이라든지 '성공 사례'와 같은 제목도 있을 텐데, 왜 하필 '투쟁기'인가?
 일반적으로 좋은 아이디어가 있어 정책에서 성공할 수 있었다거나 한 정치인의 뚝심이 성공 사례를 만들어 낼 수 있었다거나 하는 소개는 이 책과 전혀 관계가 없다는 것을 곧 알게 된다. '햇빛' 에너지를 추진하는 것도 얽히고설킨 사연들을 쏟아낼 만한데, 거기에 '연금'이라니!

기후 위기, 경제 위기, 지역 소멸 위기 등으로 지금의 시대를 '난제(wicked problems)의 시대'라고들 하는데, 햇빛 에너지도 기본소득도 난제 중의 난제임을 느끼게 된다. 이 때문에 박우량 군수의 '투쟁'은 대규모 관급 공사나 크고 작은 수익을 노리는 다양한 이해관계자들과의 투쟁만이 아니고, 주민들의 이해를 구하고 인식을 바꾸는 투쟁이기도 하다. 더 나아가 스스로 몸담은 정부 관료제나 제도와의 투쟁이다.

'적극행정'이니 '융합행정'이니 하는 말들이 행정 현장에서 얼마나 덧없는 수식어구인지 한탄이 적지 않다. 게다가 불완전한 자치분권 체제에서 지방자치단체장이 가진 권한이나 재원, 자율권을 고려해 보면, '신안군'이라는 땅끝 섬마을에서의 투쟁이 전국적으로 주목할 만한 성과를 낼 수 있었다는 것은 이처럼 생생한 '투쟁기'로 정리되지 않으면 그 성공 요인을 파편적으로라도 이해하기 불가능할지도 모른다. 그래서 "만약 햇빛·바람연금 정책이 서울에서 시행되었다면, 우리는 이 정책을 전혀 다르게 인식했을 것이다."라고 말하는 것이다.

투쟁기에 나오는 다음과 같은 문장들은 난제를 해결하기 위해 겪은 어려움을 정리한 정도가 아니라 어쩌면 한국의 정책과 행정 체제에 대한 근본적인 문제 제기임을 보여준다.

"이제 더 많은 시민들이 기후위기와 지역소멸의 실체를 직시하게 되면서, 우리는 기만의 역사를 덮어줄 사례들을 찾고 있다. 마치 우리 모두가 신안군의 햇빛·바람연금 정책에 동의해왔고 성공을 기원했으며, 당장이라도 전국적으로 시행될 수 있다는 착각을 정당화하고 있는 듯하다."

사회혁신가 내지는 공공혁신가 박우량을 주목하는 이유는 바로 이 지점 때문이며, 책의 절반을 넘어가면 햇빛연금 이야기는 끝나는 것 같은데 또 절반의 내용이 뒤를 잇고 있는 것도 이 때문이다. 제도적·재정적 뒷받침이 있어도 '혁신'은 대단히 어려운 일이건만, 박우량의 혁신이 어떻게 축적됐는지를 남은 내용을 통해 알 수 있게 된다. 그리고 그 사례들은 모두 건건이 난제에 대한 해법이자 혁신의 비법이라 할 수 있다.

현장 지향적인 행정가나 학자들조차도 때로는 규범적인 강조에 머물기도 하고, 단기적인 성과가 급급한 경우가 적지 않다. 하나의 사례 속에서 성공 요인을 찾아가며 대표적인 사례라고 알리기도 한다. 햇빛 연금이나 바람연금은 기후 위기 대응, 재생에너지 정책, 지역재생, 인구감소나 지역 저 활력화에 대한 대응, 주민자치, 사회적경제, 공동체, 에너지

자립, 민-관 협력, 갈등 조정 그 어느 영역의 성공 사례일까? 교육, 복지, 교통, 의료, 주거 등 삶의 질에 관한 정책 중 어느 분야에 해당하는 것일까? 사실 모든 정책을 관통하는 정책 기조를 마련하기도 어렵지만 정책의 일관성을 15년 가까이나 유지하는 것은 우리 여건에서 거의 불가능할지도 모른다. 박우량의 '투쟁'이 단지 일회적이고 단편적인 정책과 사례를 여러 개 묶어 놓은 것이 전혀 아니라는 점을 이해하는 게 중요하다.

박우량의 투쟁은 새로운 해법을 제시하는 한편, 역설을 성립시키는 데서 흥미롭다. "바람이 돈이 되는 세상이 온다. 햇볕이 돈이 되는 세상이 온다. 바닷물이 돈이 되는 세상이 올 거라고."라는 말이 진실하고 생생하게 들린다. 바람과 햇빛이 주민들의 자산이라는 생각이 '연금'을 가능하게 만들 수 있었다. 구체적으로 증명하고 주민 삶의 질을 재해석하며 정책과 주체를 전환한 데서 기후 위기의 '역설'을 만들어 냈다.

정부의 대규모 지원 예산이 있었다고 하더라도 신안군이 그 돈을 모두 시설비로만 썼다면, 아무런 감동도 없었을 거라고 박우량은 말한다. 지역자원과 자연보전이 "학습되고 인식되고 각성하면서 더 큰 행정적 관점을 갖게 된다." 사회적 불평등에 공정하게 접근함으로써 '공유지의 희극'을 만들어 낼 무대와 배우와 관객을 찾는다. 상위 법령이나 기존 추진 사례가 없다 하더라도 공동의 목표를 공유하고자 노력했고, 지역과 주민의 신뢰를 얻기 위해 주민들의 '상처 입은 마음에 고운 색깔을 입히고자' 했다.

부처 간의 '칸막이'는 어제 오늘의 일이 아니다. 햇빛발전소에 기본소득으로 연금을? 재생에너지 속에서 주민 삶의 질을? 탄소중립에 주민 참여를? 문제해결의 관점에 서면 그 어느 것도 따로 떨어져 있지 않다. 공동의 목표를 공유하며 이를 달성하려고 한다면 안 되는 이유만 찾지는 않을 것이다. 이것은 정확히 지속가능발전의 가치나 해법과도 맞닿아 있다. 부서나 기능별 접근을 목표 중심의 접근으로 전환하는 것이다. 그런 과정에서 부서 간의 협업도 민관의 협력적 거버넌스도 구할 수 있다.

"중앙부처가 지역 현장에 도움을 주기 위해 먼저 법률을 개정하는 경우는 거의 없다."라는 박우량의 한탄은 오래되고 뼈아픈 말이다. 그래도 그는 "설득하고 설득하면서 기다린다." 그리고 하나의 문제만 들여다봐서는 그 문제를 해결하기 어렵다는 점을 몸소 입증하며 극복해 왔다. 버스공영제는 택시 업계와의 이해관계, 기후 위기 대응, 교통약자에 대한 배려, 그리고 주민 삶의 패턴 등 여러 측면에 대해 정책적으로 유연성을 보였기에 성공할 수 있었다.

안토니 곰리와 같은 세계적인 예술가의 마음을 열 수 있었던 것은 기가 막힌 한 수를 내던진 게 아니라 절망한 사람들의 섬을 자부심으로 바꾸려는 진심을 보여주었기에 가능한 일이었다. '가고 싶은 섬' 사업과 같이 하나의 사업을 따내는 데 집중하지 않고, 해수부, 행안부, 환경부, 산자부, 국토부, 농림부 등 제각기 자기 사업에만 충실했던 것을 궁극의 목표를 달성하면서 문제를 해결하려는 의지를 굳게 했기에 가능한 일이었다. 지역주민에게 그리고 지역에 꼭 필요한 일이 무엇인지를 늘 캐묻는 한 혁신가의 투쟁 속에서 가능한 일이었다.

추천사

신안의 '햇빛연금' 도입이 왜 투쟁기가 되었나?

김 병 권
녹색전환연구소장

　우리나라에서 가장 외진 서쪽 끝단 전남 신안군이 일궈낸 햇빛연금과 바람연금 제도가, 전국 곳곳에서 태양광과 풍력발전에 대한 시민들의 부정적 인식을 반전시키며 주목받고 있다. 기후 위기 해결에 결정적으로 도움이 될 재생에너지를 생산하면서 동시에 지역 주민들의 복지에도 도움을 줄 수 있기 때문이다. 신안군은 2021년 4월 26일 전국 최초 햇빛연금을 안좌도와 자라도 주민들에게 18억을 지급한 후, 매년 규모가 커져서 2024년 82억, 그리고 2025년 상반기에만 78억 원이 지급되었단다.

　박우량 군수의 생생한 인터뷰를 토대로 박훈 생태전환지원재단 사무총장이 재구성해낸 신안군 '햇빛연금 투쟁기'는, 도대체 신안군에서 무슨 일이 일어났기에 변방의 작은 기초 지자체에서 이뤄낸 하나의 성공 사례가 다른 지역의 수많은 지방정부에게 자극을 주었음은 물론, 대통령 선거공약에 반영될 정도로 국가적인 관심사로 떠올랐는지 첫 몇 장을 읽자마자 단박에 알 수 있게 된다.

하지만 이렇게 간단히 설명하고 말기에는 지난한 실제 진행 과정에서 정책 추진자들이 겪은 고투가 터무니 없을 정도로 복잡하고 험난한 여정이었다. 조용한 공론장이나 소수 전문가들 손을 거쳐 의사결정권자의 결재를 받아 탄생하지 않았다는 것이다. 바로 햇빛연금 도입이 '투쟁기'가 되었던 이유다.

좋은 정책이란 전문가들의 머릿속에서 깔끔한 개념으로 도식화되는 것이 아니라, 정책을 실현할 단체장이나 의원, 담당 공무원들이 주민과의 집요한 소통 노력, 다른 부처 설득, 기업이나 금융 등 이해관계자들과의 지난한 협상, 제도와 법의 제약 돌파 등을 거쳐 현실화된다는 걸 <햇빛연금 투쟁기>만큼 잘 보여주는 책은 없을 것이다. 재생에너지관련 조례가 18번이나 개정될 정도로 '누더기 조례'가 되었다면서 이를 자랑스러워하는 박우량 군수의 증언이 이를 상징한다.

물론 '신안군 모델'은 다른 모든 지방정부가 본받아야 할 하나의 유일한 답이자 최선은 아닐 수 있다. 신안군의 지정학과 사회 조건, 그리고 당시의 제도 틈을 최대한 이용해서 찾아낸 해법이기 때문이다. 저자들인 박우량 군수나 박훈 사무총장도 신안군 모델이 완성이 아니라 시작임을 분명히 하고 있다. 특히 새로 임기를 시작한 이재명 정부가 재생에너지 중심의 녹색전환에 대해 강력한 의지를 펴고 있는 만큼, 과거 우호적이지 못한 조건에서 악전고투했던 박우량 군수와 달리 훨씬 더 전향적 환경에서 능동적인 시도를 해볼 공간이 열리고 있다.

<햇빛연금 투쟁기>를 읽는 또 하나 감탄할 대목이 숨어 있는데, 14년간의 투쟁기에는 햇빛연금 말고도, 100년의 장벽을 무너뜨리고 야간 여객선 운영과 버스 공영제를 이뤄낸 경험, 신안 섬에서만 볼 수 있는 정원, 그리고 '1섬 1뮤지엄' 만들기 같은 모델들이 있음을 알려주기 때문이다. 박우량 군수의 풍부한 육성을 그대로 들을 수 있는 이 책이 기후위기와 주민복지를 함께 고민해보려는 모든 이들에게 도움이 될 거라고 확신한다.

차례

04   서문

추천사
08   **오수길** 생태전환지원재단 이사장
12   **김병권** 녹색전환연구소장

햇빛연금 투쟁기 본편
태양과 바람과 바닷물은 주민들의 것

18   신안군 햇빛연금 정책의 역설
24   거침없이 주도한다는 확신이 필요하다
27   햇빛연금 정책의 시작, 주민 갈등 해소 방안을 먼저 마련하라
30   태양·바람·바닷물은 주민의 것, 이익을 주민들과 공유하라
33   재생에너지 정책의 가장 큰 장애물, 정부와 관료
36   햇빛·바람연금이 불편한 사람들
42   햇빛연금의 가장 강력한 작동기재, 투자와 배분을 협동조합에서
51   햇빛연금 준비의 화룡정점, 기업의 참여와 협조
54   30년 동안 내리막이었던 인구 그래프 위로 꺾여
59   햇빛연금, 정부 정책의 일부만 손봐도 추가 예산 없이 가능하다
61   햇빛연금 발판으로 5대 기본사회 만들어낼 것
63   누더기 조례라도 괜찮아, 주민 삶에 도움만 된다면

햇빛연금 사전투쟁기 Ⅰ
100년 동안 안 되던 일과 맞서다

- 68 100년 동안 안 되던 일
- 70 야간 여객선 운영에서 버스 공영제까지
- 72 법률과 조례는 연구하다 보면 되는 방법이 나오게 마련
- 75 휘두르는 게 아니라 설득하면서 기다리는 것
- 80 일률적인 정부정책의 한계, 지역의 유연성으로 넘어야
- 86 고령화로 예상되는 공동체 자산의 한계, 모든 노인정을 신안군 소유로
- 88 8년간 입은 환자복, 군수라면 결단하고 행동해야 한다

햇빛연금 사전투쟁기 Ⅱ
섬 주민들의 상처 입은 마음에 고운 색깔을 입히고 싶은 이유

- 92 섬 주민들의 상처 입은 마음에 고운 색깔을 입히고 싶은 이유
- 97 남이 하는 것만을 해서는 살아남지 못한다. 신안 섬에 와야만 볼 수 있는 정원을 만들어야
- 102 주민들을 설득해서 함께하면 대기업도 따라할 수 없는 일들 펼칠 수 있어
- 107 시장, 군수는 주민들을 위해 도전하고 또 도전해야
- 113 1섬 1뮤지움, 햇빛·바람연금도 군민 삶의 질을 높이는 과정일 뿐
- 121 한겨울에도 꽃을 피우는 애기동백꽃 같은 절실함을 가져야 한다

제 언

- 130 햇빛·바람연금을 준비하는 지역에서 꼭 해야 할 일
- 141 햇빛·바람연금 정책의 발전방향

부 록

- 152 1. 신안군 현황과 재생에너지 여건
- 154 2. 햇빛·바람연금 관련 신안군 주요 조례 현황

햇빛연금 투쟁기 본편

태양과 바람과
바닷물은
주민들의 것

신안군 햇빛연금 정책의 역설

최근 신안군 햇빛·바람연금이 이재명 정부의 기후위기 전략으로 회자되고 있다. 혹자는 이를 가장 야만적인 자본주의의 대안으로, 또 사회적경제의 농산어촌형 롤모델로, 기본소득의 베이스 전략으로 평가한다. 반면 혹자는 전기료 인상과 포퓰리즘을 지적한다. 가장 척박하고 소외된 지역에서 기후위기와 지역이 처한 위기의 역설이 드러나고 있는 것이다.

서울에서 가장 멀리 떨어진 흑산도를 품은 신안군은 역사적으로 가장 잔혹한 유배지였다. 뻘일, 염전일, 뱃일, 농사일 같은 살인적인 육체노동이 주민들의 일상이었고, 육지와 단절된 채 사회적 배제가 일반화된 섬의 고장이었다. 인구소멸 1위, 재정자립도 전국 최하위권인 이 지역에서 지역소멸과 기후위기의 새로운 대안을 쏘아 올리겠다고 했을 때, 우리는 대수롭지 않게 생각했다.

우리 사회는 인구감소와 지역 저활력화, 기후위기가 너무 빠른 속도로 진행되니 하루빨리 행동해야 한다고 말한다. 그러나 정작 아무 반성도, 아무 실천도 하지 않는 기만의 정점에 서 있다. 우리는 여전히 성장과 속도에 집착하며, 지역에서 벌어지는 시행착오와 실패들을 고의적으로 외면하고 있었다. 만약 햇빛·바람연금 정책이 서울에서 시행되었다면, 우리는 이 정책을 전혀 다르게 인식했을 것이다.

이제 더 많은 시민들이 기후위기와 지역소멸의 실체를 직시하게 되면서, 우리는 기만의 역사를 덮어줄 사례들을 찾고 있다. 마치 우리 모두가 신안군의 햇빛·바람연금 정책에 동의해왔고 성공을 기원했으며, 당장이라도 전국적으로 시행될 수 있다는 착각을 정당화하고 있는 듯하다.

신안군 햇빛·바람연금 정책은 현재 완벽한 최상 단계의 정책이 아니며, 아직 초기 단계라 전개와 구상이 불명확한 지점이 많다. 따라서 몇 가지 고민과 해법을 추가적으로 찾아낼 필요가 있다.

이 고민을 풀어가기 위해서는 햇빛·바람연금의 성공을 기후위기 시대의 새로운 해법이나 역설의 성립으로 정확히 규정할 필요가 있다. 예를 들어, 기후위기에 저항하기 위해 생물학적 후손 생산을 거부하는 청년들이 오히려 기후위기 문제 해결에 적극적이라는 역설과 유사하다.

또한, 산업시설과 공장이 없는 고령화된 섬 지역에서 주민참여형 기후위기 대응 방법을 찾아내는 역설이 나타난다.

비록 "기후위기의 역설 성립"이라는 거창한 전제는 생략하더라도, 이제는 햇빛연금 정책이 지닌 의미, 반복되던 실패를 어떻게 극복했는지, 앞으로 어떻게 전개해야 더 성공할 수 있는지를 함께 고민해야 할 시점이다.

그림 1 해상풍력발전기

> 2006년도에 신안군수를 하려고 보니까, 그때 덴마크가 해상풍력 신재생에너지를 5%대 정도 하고 있더라고요. 신안군 면적이 서울시의 22배나 되고, 일조량이 국내 최고 수준이지요. 여건이 맞는 부분이 많아서 앞으로 이런 방향으로 가야겠다고 마음을 굳혔지요. 2006년부터 우리 군민들한테 한 이야기가 있어요. **바람이 돈이 되는 세상이 온다. 햇빛이 돈이 되는 세상이 온다. 바닷물이 돈이 되는 세상이 올 거라고.** — 박우량 인터뷰 중

 기후위기의 역설은 리더십의 변화에서 시작된다. 탄소중립의 지구적 정의를 실현하는 상상력보다, 현실적으로는 재생에너지가 곧 돈이 되는, 현장에서 바로 적용할 수 있는 정책이 필요한 것이다. 신안군 햇빛연금 정책을 기획하고 주도한 박우량 군수도 처음부터 기후위

기 시대 탄소중립의 핵심 정책에 대한 고려는 없었을 것이다. 글로벌 트렌드를 참고하고 지역의 고유한 여건을 활용하면서, 주민들의 삶의 문제를 해결하기 위한 빠르고 강력한 수단을 고민하다 보니 재생에너지를 주민 이익에 활용하는 아이디어를 생각해 낸 것이다.

> 신안군의 지리적 특징은 첫째, 민물이 없다는 것, 두 번째는 태풍이 자주 오니 버려진 땅이 너무 많다는 거여요. 정부는 신재생에너지를 하라고 하는데 주민 갈등이 많은 거여요. 주민과 마찰 없이 어떻게 할 수 있을까 곰곰이 생각해 보니까, 이익이 많건 적건 간에 첫 번째로 저 바람과 햇빛이 주민들의 자산이라는 철학적인 출발점에서 이야기가 돼야 되겠더라고요. 제가 2006년에 군수를 시작하면서부터 '햇빛·바람·바닷물이 신재생에너지 시대가 오면 반드시 돈이 될 거다'라고 지역 주민들에게 이야기했는데, 주민들은 한 사람도 귀 기울이는 사람이 없더라고요. '어떻게 바람이 돈이 되고, 햇빛이 돈이 되고, 바닷물이 돈이 되느냐'고 모두가 의아해했지요. 그런데 2018년경이 되자 태양광을 하겠다는 민원들이 몇백 건씩 들어와 있었던 거지요. — 박우량 인터뷰 중

우리는 기후위기를 논의하면서 사회 불평등을 해결할 방법에 대해서도 많은 제안을 해왔다. 그러나 이미 기울어진 운동장이 되어 버린 불평등의 영역에서, 자립 능력이 약한 주민들의 삶을 정당하게 보상하는 방식에 대해서는 지나치게 주저하거나 책임을 회피해 왔다. 신안군의 햇빛연금 정책이 성공할 수 있었던 이유는, 우리가 주저하던 방식을 군수가 스스로 책임지고 치밀하게 주도했기 때문이다. 기후위

그림 2 사옥도 탄동리 태양광발전소

기 시대의 역설을 증명하는 일은 전 세계의 정치인이나 명망가들이 할 수 없다. 그들은 단지 이론적 주장이나 정치적 수사, 지적과 불평, 강조만 할 뿐이다.

신안군 햇빛·바람연금의 시도와 성공은 기후위기 역설이 성립하기 위한 세 가지 조건으로 압축될 수 있음을 보여준다.

첫째, 정책은 구체성과 증명성을 가져야 한다. 주민들이 즉각 수긍하고 적용할 수 있는 수용성이 있어야 하며, 눈앞에서 곧바로 증명 가능한 것이어야 한다. 앞으로 새로 개발되거나 창조되는 것들은 해당되지 않는다. 시간은 너무 부족하기 때문이다.

둘째, 공유 자산의 비극에 관한 사회 이론이 아니더라도, 이제 자연

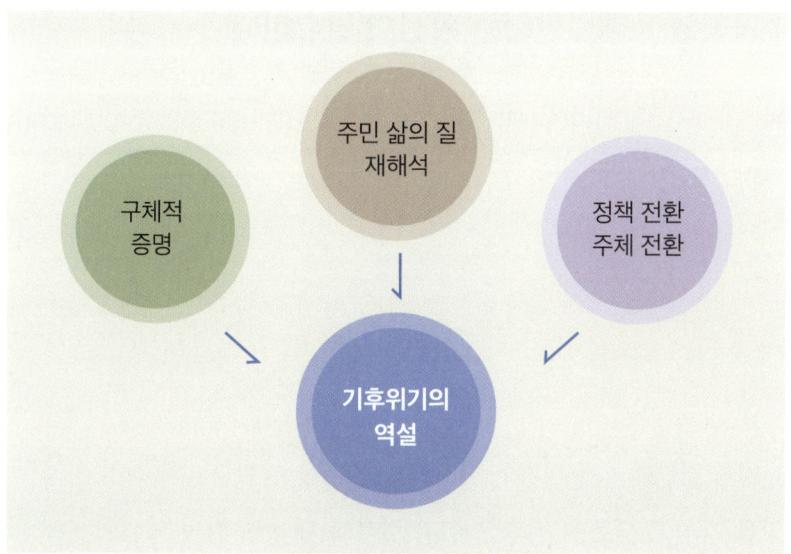

그림 3 기후위기 역설 조건

재를 공공의 영역이 아닌 주민 삶의 질의 관점에서 재해석하는 과정을 명문화하고 실천해야 한다. 단, 이 과정에서도 친환경성은 현재보다 더 강화돼야 한다는 전제가 지켜져야 한다.

셋째, 무엇보다도 지난 정책이나 사안의 오류를 인정하고, 과감히 개선하거나 맞서 싸우는 과정이어야 한다.

이 조건들에 부합하지 못하거나 의지가 없는 집단은 사회적 퇴장, 곧 강제 퇴출에 직면해야 한다. 문제는 이 세 가지 조건을 충족하려면 지역 경험과 역량, 여건의 부합, 그리고 독특한 아이디어가 축적되기까지 오랜 시간이 필요하다는 점이다.

거침없이 주도한다는 확신이 필요하다

지역 리더가 기후위기와 탄소중립에 대한 철학과 구체적인 정책 방향을 가지고 있는지가 중요하다. 정부의 대규모 지원 예산이 수반되는 사업을 준비하거나 추진하는 지역들은 대부분 탄소중립 선도지역이거나 기후위기에 선제적으로 대응하는 지역임을 적극적으로 홍보한다. 사업의 결과가 나오게 되면 담당 공무원들과 이해관계자만 사업 추진에 매몰되거나 구호와 관심은 사그라든다. 지역에 대한 구체적인 연구와 실증적 현상이 부족하기 때문이다. 지방정부 관계자들도 재생에너지 시설 확대 외에 명확한 사업 아이템을 찾기 어렵다고 한다. 하지만 지방정부가 지역 현상을 세심히 살펴보면, 어느 지역이든 대응 가능한 아이템은 반드시 존재한다. 중앙정부나 다른 지역이 움직일 때까지 기다리거나 망설일 필요가 없다. 신안군처럼 척박한 지역일수록, 지역 특성을 최대한 활용하고 자연 여건을 재해석하는 방향으로 나아가는 것이 중요하다.

그림 4 탄소흡수원으로서의 신안군 갯벌(지도읍)

신안 갯벌은 그대로 놔 두는 것이 소득이 더 높아요. 갯벌이 갖고 있는 부가가치가 높더라고요. 지금 그 갯벌에서 조개처럼 껍질을 단단하게 하면서 탄소를 흡수해서 성장하므로 탄소 흡수율이 엄청 높다는 거에요. 2~3년 이내에 갯벌이 갖고 있는 탄소 흡수 기능을 규명하고 그 양을 측정할 수 있게 되면, 앞으로 큰 탄소 흡수원으로서 역할을 하니까 매립하거나 제방 등으로 막은 것보다 효과가 더 있다고 생각하고 있어요.

신안군에 섬이 1,028개가 있는데 서로 조밀하게 있어요. 근데 민물과 썰물 때 섬 사이를 통과할 때 유속이 7~8노트까지 나오는 지역이 많이 있어요. 하루에 정확히 두 번 물이 이렇게 밀려오고 두 번 밀려가는데, 이 물의 힘이 엄청난 에너지예요. 조류가 강한 섬과 섬 사이 바다속에 발전기를 설치하면 비가 오거나 바람이 불지 않아도, 조수 간만의 차가 엄청나니까 이 에너지를 이용한 조류발전을 하면 신재생에너지의 간헐성을 보완할 뿐만 아니라 엄청난 전기를 생산할 수 있어요. 국가에서 R&D 자금 지원을 받아 기술을 개발하거나 외국의 기술을 도입하여 운영하면 새로운 신재생에너지원으로 활용할 수 있다는 거지요. 신안군이 태양광, 해상풍력, 조류 발전 등 신재생에너지의 보고이며, 탄소중립을 이끌어갈 수 있는 지역이라고 주민들에게, 관계 기관에 늘 강조하고 있어요.

— 박우량 인터뷰 중

햇빛연금 정책의 시작,
주민 갈등 해소 방안을 먼저 마련하라

　박우량 군수는 민선 7기 군수 취임 한 달 만에 신안군 햇빛·바람연금 정책을 처음 공표하였다. 이미 두 번의 군수 경험이 있었고, 한 번 쉬고 군수에 출마해 당선되었다. 4년간 쉬면서 여러 정책에 대한 구상이 있었는데, 박우량 군수는 재생에너지에 대한 농어촌의 정서와 주민들의 생각을 여러 분석을 통해 마친 상태였다. 글로벌 트렌드와 향후 정부 정책의 지향과 관점을 정확히 분석하였고, 많은 학자들과 전문가들이 불평등 요인으로 제시하는 "태양과 바람과 물의 활용에 관한 근본적 권리가 누구에게 있는가"에 대한 답을 내리고 있었다. 결국 주민들의 것이라는 결론이었다. 또한 실무적으로도 아주 작은 부분까지 구상을 마쳐 놓고 정책의 정확성을 높이면서 한 걸음을 내디뎠다. 2018년 8월 6일의 일이었다.

군수를 두 번 하고 4년 쉬면서 연구를 많이 했지요. 지역사회에 태양광이라는 화두가 거론되고 있었는데 보니까 태양광을 설치하는 데 어느 곳 하나 주민들 반대 없는 곳이 없더라고요

주민들 입장에서 생각해보면 그래 이전에 살 때는 아무런 미관상 불편함이나 소음이 없이 살다가 어느 날 갑자기 내 동의도 없이, 또 동의한다고 해도 내 삶의 주변이 태양광 집열판이나 풍력기 같은 것으로 설치된다면...

소음과 시각적으로 악화된 여건 등을 감안할 때 동의할 사람이 한 사람도 없을 것 같았어요. 그래서 정부에서 당초 방침이 발전소 인근 100m 이내 지역 주민들의 동의를 받아라 이런 제도를 만들었는데 그 제도를 했다고 해서 반대를 안 하지는 않더라고요. 또 그 주민 동의서를 받으려면 업체에서도 공짜로 안 돼요.

근데 우리 시골사는 사람들은 100m라는 정확한 거리 감각이 없어요. 어떻게 이야기하냐 하면, 저 동네는 보상을 받았는데, 그 옆에 있는 동네는 "왜 우리는 보상을 안 해주냐"라고 지역 주민들이 군청에 가서 반대해요. 그러면 할 수 없으니까 군청에서는 발전사업자에게 그 사람들에게도 보상을 해주라고 할 수밖에 없어요. 그 옆 마을도, 그 옆 마을도, 그러면 어떻게 되냐 하면 그 면 단위 전체로 확산이 되더라고요.

그리고 주민들이 동의서를 써주면서 보상을 받게 되는데 한 번 보상으로 끝나버려요. 그리고 또 보상받은 사람들은 보상을 받았다고 말도 하지 않고 또 이 사업에 협조하고 그러지는 않더라고요.

주민들은 못하게 하는 이 태양광 발전사업을 주민들의 동의하에서 원만

> 하게 하려면 어떻게 해야 할까? 결론은 어떻게 하든지 지역 주민들이 이익을 항구적으로 함께 공유해야 한다. 발전사업자가 자본을 투자했다고 막대한 이익금을 다 가져간다고 하면 그리고 그 100m 이내에 있는 사람들에게만 보상금을 한 번 주고 끝난다고 하는 것은 말이 안 맞다고 생각한 겁니다. — 박우량 인터뷰 중

이번 정부에서는 기후위기 대응을 위해 재생에너지 정책의 빠른 추진을 예고하고 있다. 도시 지역에서는 유휴 공간에 적정한 보상책을 제시하면서 재생에너지를 설치하거나, 극단적인 에너지 절약 정책을 시행하는 방법이 있다.

농산어촌 지역은 도시보다 넓은 공간을 가지고 있으면서도 이해관계자나 보상 비용이 적어, 대대적인 정책을 펼쳐나가기 쉽다.

전력 배송망의 고민을 제쳐놓더라도, 이런 이유로 농산어촌 지역이 재생에너지 시설 설치가 도시보다 쉬울 것이라고 오판해서는 안 된다. 이해관계자가 적지만, 농산어촌 지역은 더 복잡한 사회관계 속에서 작동되는 사회이고, 주변의 경관이나 토지 등 자원에 대한 정서적·감정적 밀착이 도시보다 몇 배나 높은 지역이다. 결국, "보상 = 갈등"을 어떻게 해결할 것인지에 대한 철저한 준비가 필요하다.

태양·바람·바닷물은 주민의 것, 이익을 주민들과 공유하라

　재생에너지 정책의 핵심적 단초가 될 수 있는 주장이다. 태양, 바람, 강물, 바닷물은 주민의 것이라는 사고, 자연을 인간과 동등한 관점에서 바라보는 생태주의나 원론적 환경론에서는 부적절한 표현일 것이다. 하지만 기후위기 시대의 가장 확실한 해결방안인 재생에너지 확대 정책에서는 모든 갈등과 분란을 해소할 수 있는 가장 강력한 이론적 근거가 될 수 있다. 각종 불평등 문제를 해결하기 위해 농민수당, 복지 확대, 기본 소득 등 여러 정책이 논의되고 있는 시점에서는 더욱 설득력을 얻을 수 있다. 중앙정부와 지방정부 간 권력 및 자원 불평등 문제 접근에도 유용하다.
　도시와 농촌 간 사회 인프라와 하드웨어 불평등 해소가 가장 명확한 해답이지만, 이는 엄청난 사회적 비용을 수반해야 한다. 도시와 동일한 수준의 교통, 의료, 교육, 주거, 치안 서비스와 하드웨어를 구축하는 비용과, 국민적 합의를 거쳐 농촌 지역을 우선으로 기본소득, 주민 수당, 복지 수당을 제공하는 비용을 비교하면 간단한 문제이다.
　이익을 공유하는 방식도 불평등의 해소에서 접근해야 한다. 현재

그림 5 지도읍 사옥도 첫번째 태양광 이익배당금 지급(2022년 4월 30일)

사회 기반시설을 민간 투자를 받고 운영비를 보전해주는 비용은 법과 금융의 테두리 안에서 보장해주지만, 실질적 이해관계가 있는 주민들의 보상과 이익 공유는 여전히 법과 금융의 테두리 밖에서 외면당하고 있다.

태양광 발전사업자는 금융권에서 시설비의 90%를 대출을 받아 오는데 이 SPC 특별법인에 대해서 신용이나 담보, 보증 같은 거 없이 바로 대출을 해줘요. 그 대출을 받아오는 과정에서 금융기관에서 최우선적으로 생각하는 것은 여기서 앞으로 10년 동안 생산되는 전기가 금융권의 원금 이자를 받을 수 있도록 태양광 발전 조건이 되느냐 또 풍력이 그런 조건이 되느냐 그걸 따져서 융자를 해줘요. 그렇게 생각한다면 이 바람이 자본을 갖고 있는 발전사업자의 거냐, 이 햇빛이 당신들 기업 거냐? 발전사업자는 이 지역에서 살아보지도 않았고 산 적도 없고 자본이 있다고 그것도 90% 대출받아 자기 자본은 10%만 출자하면서…

2018년 제가 3번째 군수로 당선되자마자 파악해 보니 태양광 하겠다 풍력 하겠다는 민원이 엄청 많이 접수되었고, 발전사업자 쪽에서는 허가해 달라고 하고 주민들은 반대하고 그러면 어떻게 할 거냐고? 그래서 제가 언론에다가 취임 1개월 만에 신안군에서 신재생에너지 허가를 무조건 내주겠다, 그 대신 이익의 30%를 지역 주민들과 공유하자는 발표를 했어요.

— 박우량 인터뷰 중

재생에너지 정책의 가장 큰 장애물, 정부와 관료

신재생에너지를 활용한 개발 이익을 주민과 공유하는 조례가 2018년 통과되면서 박우량 군수와 신안군은 바로 감사원 감사를 받게 된다. 상위 법령에 근거가 없는 조례를 만들었고, 민간 기업의 활동을 지나치게 규제한다는 명분으로 감사원 감사는 조례 제정일로부터 2019년 12월 28일 개선 권고가 내려질 때까지 무려 1년 2개월 동안 진행되었다.

창의적이고 혁신적인 공무원들의 아이디어나 시도를 좌초시키는 가장 강력한 장애물은 "상위 법령이 없거나 기존 추진 사례가 없다"라는 관행과, 지방정부의 자기 주도력과 실행력을 거세시키는 관료 시스템이 작동한 것이다. 박우량 군수의 혁신적인 생각도 이 장애물을 피해갈 수는 없었다.

지방에서 제안되는 혁신적 아이디어들이 이 장애물에 막혀 혁신의 기회가 날아가는 것이다. 상위 법령이 없거나 추진 사례가 확실히 있는 영역은 어떤 영역일까? 이렇게 고도화되고 안정화된 사회에서 어떤 작동 기제가 확실하게 갖춰진 영역은 대부분 우리 사회의 기득권과 연계된 영역일 것이다.

발전사업체에서 자기들 이익에서 30%를 뺏어간다고 생각했던 것 같아요. 그래서 업체들이 또 결사적으로 반대를 했고, 업체들이 저한테는 반대를 못하니까 누구한테 빈대를 하냐면 신안군 의원들한테 '이 조례를 제정하면 큰일 난다. 그리고 지금도 어느 유튜브에 들어가서 보면 박우량 군수는 김일성과 다름없다고 했다. 왜 발전사업자의 이익을 30%를 뺏어간단 말이냐?', 또한, 지역 주민들은 '군수가 발전 허가를 내주기 위해서 우리들한테 사기치고 있다. 자기가 어떻게 발전사업자한테 30%를 뺏어다가 우리한테 준다는 말이냐' 지역 주민들에게는 제가 사기꾼이 되었어요.

빠른 시일 내에 조례를 통과시켜야 했는데, 조례 초안에 이익공유 내용을 담아 집행부 안으로 의회에 제출하고자 했더니 '군수님, 이게 문제가 있습니다. 상위 법에 근거가 없습니다' 하면서 군청 담당 공무원들이 어렵다고 했어요.

그때 생각했어요. 사실은 지방자치도 투쟁이에요. 계속적으로 상위법에 근거가 있는 경우만 조례를 만들라고 돼 있는데 '이것에 끝까지 맞서야 한다. 대법원까지 가서 폐지 판결이 나면 그때 접더라도 늦지 않다.'라고 설득하면서 담당 공무원들에게 빠지라고 했어요. 군의원들을 개인별로도 설득해서 의원 발의로 했어요. 그런데 의장이나 의원들은 내가 설득을 했더니 다음 회기에 하자고 다시 나를 설득하는 거였어요. 그래서 내가 의원들을 여덟 차례 설득한 끝에 정책 발표 두 달 만에 조례가 통과된 거예요. 신재생에너지 이익공유정책을 발표한 후, 조례가 만들어지기 전에 감사원에서 전화가 왔다는 이야기를 들었어요.

— 박우량 인터뷰 중

그림 6 자은도 전남해상풍력 공사 현장

햇빛·바람연금이 불편한 사람들

대한민국 정부 예산에서 감시하고 확인하고 단죄하는 비용이 지나치게 많다. 정부 부처, 광역 지방정부, 지역 의회, 행안부, 감사원, 검찰, 경찰까지 5중 6중으로 짜여진 감시와 확인, 압박과 복종의 조직 문화 속에서 창의적인 발상과 혁신적인 정책이 생산될 수 있을까? 지금의 지구촌 재생에너지 현황과 기후위기의 심각성을 고려하면, 전체적인 목표를 명확히 하되 약간의 실패가 있더라도 지방정부에서 권한과 책임을 갖도록 하는 시급성이 작동되어야 한다. 이런 파격까지는 아니더라도 현장의 어려움이 확인된 법령이나 제도는 빠른 시간 안에 개선하거나 명확한 해석을 제공하는 정부의 행동력이 반드시 요구된다.

> 지역 주민들한테 이렇게 돈을 나눠줄 수 있는 근거 규정이 없는데, 주민들의 반발이 심하니까 산자부는 우리한테 지침을 줬어요. 지역 주민들이 발전 사업자 자본금의 30% 이상에 참여하거나, 총공사비의 4% 이상을 투

자하면, 지역 주민들에게 REC 0.2를 주겠다는 제도를 마련하고 있었어요. 신안군에서는 이 제도를 이용하여 주민 참여를 통해 이익을 공유할 수 있도록 한 것입니다. 산자부에서 정확히 조례를 만들어서 어떻게 하라는 지시는 없었고요.

발전사업에 대한 주민 참여와 별도로 태양광이나 풍력을 하게 되면, 그 인근 주민들이 불편하니까 발전소 주변 지역 특별 지원금이라는 제도를 만들어서, 일반 지원금은 매년 주되 발전 규모에 따라 소액으로 주고, 특별 지원금은 딱 한 번, 그 발전소가 가동되는 시점에서 지원합니다. 그것은 주민들에게 개인적으로 현금으로 줄 수도 없고, 모두 시설비로 지역 주민들이 필요한 것을 지원하도록 돼 있는 제도입니다.

우리가 조례를 딱 만들어 놓으니까 바로 감사원 감사가 들어왔어요. 감사원에서 내용을 파악해 갔어요. 군청 직원들을 만난 거예요. 일부 직원들이 안 된다고 문제점을 제기했는데, 박우량 군수가 의원 입법으로 해서 이 조례를 처리를 했다. 그때 나는 무소속 군수였어요. 감사원에서는 직원들 입에서 '군수가 시켜서 했다'라는 이야기를 확인받고 싶었던 거예요. 그런데 직원들이 어떻게 그렇게 이야기를 하겠어요? 결과적으로는 의회에서 의원 입법으로 처리가 됐으니까, 공무원들은 이 자료를 의원들에게 갖다 준 것밖에 없고, 의원들이 물어본 것에 대하여 설명한 것밖에 없는데… 부군수, 국장, 과장, 계장, 팀장 직원들을 감사원 감사관이 모두 불러 갖고, 이들에게 중징계 하겠다, 계속 압박을 한 거예요. 최종적으로 그런 이야기를 했어요. '이 조례 제정에 관한 문제는 자치 사무다. 조례 만든 건 자치사무인데, 왜 감사원이 나와서 이것을 가지고 따지고 하느냐?'

감사원에서 나를 고발하려고 했어요. 결국은 사유가 타당하지 않으니 고발까지는 못 갔지요.

거기다가 전남도는 신안군에서 조례가 공포되어 버렸는데, 재검토를 하라는 것이 아니라 위법하다고 통보가 왔어요. 그래서 내가 전남지사 면담 요청을 해서 강력히 항의했어요. 법무담당관에게도 '이게 위법한 사항이냐? 산자부에서 법령 근거에 따라 지침으로 내려왔지 않느냐?' 이게 도시계획 조례 개정 사항이지만, 국토부에서 지침이 안 내려왔다고 해서, 도시계획법 소관 사항이므로 국토부 상위법이 없다고 해석하여 위법이라고 하면 말이 되느냐? 지방 행정은 종합행정이다. 별도 조례를 만들기보다는 관련 조례에 그 내용을 포함하여 개정하거나 신규로 제정할 수 있지 않느냐라고 강하게 반발했지요. 그랬더니 전남도 법무담당관이 '제가 경솔했습니다'라고 답변을 했어요. 그 법무담당관 면담 시, 나중에 직원들이 전남도청으로부터 압박을 받지 않도록, 관련 직원들이 모두 함께 가서 제가 항의하는 내용을 듣도록 하였지요.

내가 감사원 마지막 답변에 이렇게 썼어요. '이 조례가 재생에너지 관련 지역 주민들의 민원을 해소할 수 있는 최고의 방법이다. 그런데 감사원에서 이 문제를 제기하는 것은, 감사원 직원들의 사적인 어떤 이해관계가 있어서가 아닌가 하는 오해가 있을 소지가 있다'라고 답변을 보냈더니, 감사원이 발칵 뒤집어졌다는 거예요. 신안군수가 감사원에 '감사원 직원들이 사적으로 관련돼 있다'고 공문을 보냈으니 난리가 난 거예요. 자기들이 그런 일이 절대로 없다고 이야기를 하는 거예요. 그때 신재생에너지 이익 공유 정책을 발표했을 때, 감사원에서 전화가 왔다고 내가 관련 직원들로부터 들었거든요. 그래서 감사원에 최종 답변서를 제출하고 나서, 감사원의 분위기를 듣고 관련 직원들을 오라고 했었지요.

그 직원들에게 '7~8개월 전 감사원에서 이 조례를 제정하면 안 된다는 전화를 받았다고 했지?'라고 묻자, 오랫동안 감사원 감사를 심하게 받아서인지, 직원들이 기억이 없다고 답변을 하는 거예요. 직원들이 나한테 이야기를 했기 때문에 내가 감사원에 답변을 했는데, 그러면 이것은 내가 허위 사실을 감사원에 제출한 게 되니 내가 책임을 져야 할 상황이 되어버렸지요. 그 답변서는 제가 다 100% 작성하였고 감사 부서에서는 단순히 제출한 것뿐이니까요. 그래서 며칠을 고민했어요. 그런데 감사원에서 정책만 발표되었던 시점에 신안군 담당 직원들한테 전화했을 때, 직원들 휴대폰 번호를 알아서 전화하지는 않았을 것 같더라고요. 분명히 군청 일반 전화로 왔을 것 같은 생각이 들더라고요. 그래서 통신 계장에게 '2018년 9월부터 12월 사이에 외부에서 군청으로 걸려온 전화번호를 쫙 뽑아와 봐'라고 했어요. 한 장당 40여 개의 전화번호가 기재된 A4용지 400장을 뽑아 갖고 왔어요. 그래서 감사원 대표 전화번호 5개를 갖고 와라. 여러 직원들한테 분담해서, 감사원 대표 전화번호와 대조하여 찾아내라고 하였지요. 딱 5개가 나오는 거예요. 3일에 걸쳐 세 번 정도 기록을 찾아냈어요. 내가 그 부분에 쫙 색연필 쳐서 감사원에 보냈지요.

내가 거짓말한 것이냐? 내가 무슨 이야기를 들었냐 하면, 이 태양광이 처음 나올 때 2억 5천만 원을 투자하면 매달 250만 원이 나온다고 했어요. 중앙부처 직원들이 제일 많이 투자했다는 이야기도 들었어요.

그래서 감사원의 지적 사항에 대하여 내가 답변서를 보냈는데, 내가 입증을 못하면 완전히 허위 공문서 작성한 것으로 덤터기를 쓰고 고발당할 뻔했어요.

딱 전화번호가 5개 나와서 내가 기자회견하겠다 그랬어요. 그것 봐라. 전국의 226개 기초자치단체에서 정책을 만들기도 전에 못하게 한 것을 보면, 너희들이 이해관계 아니면 뭐란 말이냐?

감사원으로부터 최종 개선 권고 사항으로 통보가 와서 곧바로 감사원에 이의 신청을 했어요. 기각당했어요. 또 행정소송까지 했지만, 또 기각당했어요. 기각한 이유는 감사원의 개선 권고 사항은 수감 기관에서 이행할 의무가 없다는 것이지요. 그러니까 이의 신청을 할 필요도 없고, 또 행정소송을 할 것이 없다는 판결문이 나온 거예요. 그래서 우리 직원들한테 판결문을 줬지요. 기각당한 판결 봐라. 그래갖고 밀어붙여서 추진한 것이 지금 이렇게 된 거여요. 그때 환경부나 산자부나 숨도 못 쉬고 있었고, 1년 2개월 동안 감사원에서는 신안군을 죽이려고 애썼으니까.

그런데 이후에 무슨 일이 있었냐, 윤석열 정부 들어와서 전국 태양광·풍력 감사를 했어요. 감사원에서 우리나라에서 제일 허가를 많이 내준 데가 신안군이에요. 그런데 신안군은 한 번도 안 왔어요.

— 박우량 인터뷰 중

박우량 군수와 신안군이 겪은 일이 단순한 에피소드인가, 아니면 우리 사회가 직면하고 있는 시스템적 문제인가? 이 문제는 단지 발전소 사업에 국한된 문제인가, 아니면 모든 중앙부처의 핵심 사업에서 발견되는 공통적인 현상인가? 우리는 이제 중대한 사실을 인정해야 한다. 우리 사회의 기득권 세력들은 언제나 정책과 제도보다 빠르게 움직이고, 이 과정에서 장애나 반대가 되는 움직임들을 온갖 법의 테두리와 시스템 내에서 저항하지 못하도록 조작하는 데 너무 능숙하다는 것을 인정해야 한다.

이는 정권의 진보, 보수의 문제도 아니고, 혁신이냐 구태냐의 문제도 아니다. 대한민국 기후위기의 빠른 전개는 그 테두리와 시스템이 어떤 것인지 인정하고, 밝혀내며 정리하는 것에서부터 시작되어야 한다. 중앙부처 정책의 기초와 기본을 새롭게 정립하는 것에서부터 시작되어야 한다.

재생에너지와 관련된 새로운 과학적 기술과 정책이 필요한가? 선각자적인 전문가와 활동가들의 덕분으로 이미 넘치고 찰 정도의 글로벌 이슈와 해법들이 우리에게 전달되어 있다. RE100, 배출권 거래제, 재생에너지 교통체계, 건축 기법, 주민복지 연계 체계, 재난 안전 정책 등 이러한 정책들은 몇 번의 정권 교체 과정에서도 제자리걸음을 하고 있다. 오히려 혁신적 시도를 하는 지방정부들에 권한과 힘을 부여하는 방법들을 바로 채택해야 한다.

햇빛연금의 가장 강력한 작동기재, 투자와 배분을 협동조합에서

박우량 군수는 감사원의 감사를 받으면서도 이 사업을 주도할 주민들의 출자와 이익 공유를 담당할 협동조합을 만들게 된다. 2019년 9월부터 2024년 12월까지 주민의 참여와 분배를 감당할 총 12개의 협동조합을 만들었다. 각 협동조합은 발전사업과 연계해 주민들에게 배분될 수익과 Rec(재생에너지 인증서) 혜택을 관리하며, 발전소 주변 지원금과 주민복지 연계 프로그램을 운영했다. 이 과정을 통해 신안군은 단순한 발전소 허가를 넘어, 주민 참여와 실질적 이익 공유 모델을 구현할 수 있었다.

> 근데 처음에는 신안군 전체적으로 하나의 협동조합을 만들까도 생각했지요. 그러면 발전소주변 지역주민들의 참여도가 낮아질 수 있고 전 신안 군민들에게 균일하게 분배하면 년 10만 원 정도밖에 안 돼서 처음 추진하는 정책의 파급효과가 없을 것으로 예상되었지요.
> 햇빛·바람연금을 만들어서 군민들 전체 나눠주면 1년에 10만 원꼴이 되

그림 7 신안군 안좌 신재생에너지 주민협동조합 개소식(2021년 3월 15일)

더라고요. 어느 특정 면이나 특정 마을에 들어가는 태양광 발전소 때문에 군민 모두가 똑같이 나눠 먹는다고 하면, 어떤 군민이 좋아하겠어요? 감동이 있겠어요? 없겠지요.

그러면 어떻게 해야 정말 파급 효과 있게 만들 수 있을까? 그래서 행정구역이 아니라 더 작은 섬별로 나누기로 했어요. 그러니까 지금 안좌도 같은 경우는 안좌면 안에 자라도가 있어요. 자라도는 독립된 섬이에요.

자라도는 전체 주민들이 200명밖에 안되고 안좌면은 2천 명 정도로 안좌면 관할 자라도였지만 자라도협동조합과 안좌도협동조합으로 각각의 협동조합을 만든 거예요. 그러니까 어떤 공동체 개념이 있는 중심으로 하다보니 행정구역 단위로 만들지 않았어요. 그리고 협동조합을 만들어서 조합비를 만 원씩 내게 했어요. 아기도, 어른도, 할머니도, 다 똑같이 조합비를 내도록 했지요. 사망하거나 이사 가면 돌려줘요.

신안군에서 제일 처음 시작한 안좌도의 주민협동조합의 경우에는 처음부터 나쁜 소문이 났어요. 협동조합을 만들어 조합에 가입하라고 적극 홍보했는데, 아무도 가입을 안 하는 거예요. 왜 가입을 안 하는지 알아봤더니, 정치적으로 군수 반대편에 있는 사람들이 공사비의 4% 부담액으로 금융회사에서 조합이 차입한 80억 원에 대해, 만약 그 회사가 망하면 80억 원을 물어내야 된다고 소문을 퍼뜨린 거예요. 그거 한 달에 2~30만 원 정도 받아먹고, 나중에 돈 몇 천만 원씩 분담해야 된다고 하니까, 아무도 가입을 안 하는 거였지요.

조합원 50% 도달까지는 많은 시간이 걸렸어요. 처음에 조합 만들고 6개월 동안에 10%도 가입이 되지 않았어요. 안좌도 주민협동조합은 제일 먼저 추진하였지만 주민들의 비협조로 자라도 협동조합보다 1년이 지난 뒤

그림 8 신안군 협동조합 설립 현황(2024년 기준)

에 출범하게 된 것이지요. 그래서 읍·면 단위보다 더 작은 섬 단위로 조합을 구성하기로 한 것이지요. 그렇게 하니까 햇빛연금을 받은 금액은 조합별로 편차가 컸지만, 햇빛연금을 많이 받는 주민들 덕택에 신안군 관내 모든 읍·면에 소문이 퍼져서 신재생에너지에 대한 반대 여론을 최소화하는 데 많은 도움이 되었지요.

특히, 조합 구성에 있어서도 처음에는 아무도 조합 이사를 안 하려고 했어요. 군수가 직접 일일이 전화하면서 부탁을 해가지고, 군수 체면 때문에 할 수 없이 해줬어요.

그렇게 조합이 출발점에 섰지요. 이사 7명에게 일일이 전화해 부탁을 해서 이사를 충원하고, 또 지역 주민들에게 지속적으로 가입을 설명했지요. 첫 번째 햇빛연금이 나갈 시점에도 한 70% 정도밖에 조합원 구성이 안 됐대요. 그런데 첫 번째 안좌도에 햇빛연금을 받으니까, 바로 그 후 얼마 되지 않아 가입자 100%에 도달했어요.

그리고 안좌도에 이어 두 번째로 지도읍에 조합을 구성했는데 6개월 만에 가입이 완료됐어요. 그다음 임자도에 조합을 구성했는데, 한 달 만에 대부분 주민이 조합에 가입했고, 제일 반대했던 사람이 제일 앞장서서 조합에 가입하더라고요.

지역 주민들이 이해하고 직접적인 부딪혀야 할 부분과 그것을 지역에 정착시키려고 할 때는 법리적으로, 또 논리적으로, 그리고 정서적으로 그리고 주변에 있는 변수들을 잘 컨트롤하는 역량을 갖추었을 때 비로소 가능하지요.

그림 9 신안군 지도읍 신재생에너지협동조합 개소식(2021년 11월 1일)

무슨 잘못한 일을 처벌한다고 해도, 누구나 똑같이 적용되니까 문제가 되지 않아요. 세금을 올린다 내린다, 또 잘못한 것에 대한 과태료를 매긴다, 보조금 준 거 회수한다, 시혜를 베푼다, 이런 것들은 문제가 되지 않아요.

지금 지역에서 제일 어려운 점이 바로 그런 점이에요. 마을단위로 재량을 주어서 나눠주게 해서는 안 돼요. 행정기관이나 조합 등에서 일정한 기준을 가지고 합리적이고 공개적으로 나눠주어야 합니다.

신안군이 협동조합을 만들고 이사회를 구성하여 차별 없이 일정한 정해진 기준에 따라 돈이 칼같이 나눠진단 말이여요. 그러니까 불평 불만이 없는 거여요.

신재생에너지 관련하여 마을 이장한테 민원 해결을 위하여 돈 나눠주라고 하면, 대부분의 마을에서 이장이 조금 많이 갖고, 자기 친인척에게 많이 주고, 자기하고 사이 나쁜 사람에게는 적게 주는 사례가 빈발하였지요. 그렇게 되면 마을은 항상 긴장되고 분란의 소지가 있는 곳이 되지요. 마을에다 맡기지 말고 면 단위 전체 협의체 아니면 군 단위 전체 협의체를 만들어, 거기서 협의금을 받아 기준을 정하고 공개해야 문제가 최소화됩니다.

또 하나의 큰 고민은 '정부의 주민참여 조건은 <u>공사비의 4%나 자본금의 30%를 주민들이 직접 투자해야 하는데 어떻게 조달할까</u>' 였어요. 이 기준에 맞아야 주민 참여로 인정받고 REC 0.2를 받을 수가 있어요.

우리 군이 전국에서 재정 자립도가 제일 낮은 군이에요.

신재생에너지 조합에서 주민 참여를 위해 금융권에서 조달할 때, 공사비의 4%를 누가 보증할 것인가? 신안군에서는 보증을 설 수가 없어요. 조합 한 곳에는 보증을 서줄 수 있겠죠. 그러나 계속 사업지구가 늘면 그걸 어떻게 다 신안군에서 보증을 서줘요?

그래서 첫째, 금융권을 설득했어요. 지금 발전 사업자에게 90% 대출을 해주는데, 그 90% 대출을 86%만 해주고 주민들에게 4%를 해주라고 했지요. 그러면 주민들의 반대가 줄어들고 공사가 빨리 진행돼요. "금융권이 이익을 보는 거 아니냐?"라고 설득한 거지요.

금융권은 한전으로부터 돈을 받기 때문에 이 돈이 발전 사업자에게 가든 주민들에게 가든 사실 돈을 못 받을 걱정을 할 필요가 없는 거예요. 그러니까 담보를 제공하고 신용이 있어야 한다고 이야기하지만, 한전에서 돈이 들어오는데 금융권은 걱정할 일이 없지 않냐고 설득해서 금융권이 일단 오케이를 한 거여요.

> 그렇게 했는데 주민들이 이제 발전사업자가 부도나면 책임을 조합원이 져야 한다고 걱정한 거예요. 다시 금융권을 불러서 설득을 했지요. 협약서를 다시 작성하여, 채무 상환에 대한 책임은 발전 사업자가 그 4%에 대해서도 지는 것으로 수정했지요.
>
> 지금 생각해보면 어느 단계 한 단계도 하나도 쉽지 않았어요. 어디 원칙도 없고 규정도 없고 모두 장벽이었는데, 그 장벽 하나하나를 다 넘어서 만든 거예요.
>
> 해상풍력기 한 개가 보통 10메가인데, 가격으로 쳐서 700억짜리예요. 이게 400메가면, 메가당 70억이니까 2조 8천억을 금융권에서 조달해요. 그리고 국내에서는 다 조달을 못 해서, 세계적인 펀드 회사로부터 조달해요. 금리가 6%예요. 높아요. 국내 금리는 2.6%밖에 안 돼요.
>
> 그래서 신안군이 해상풍력발전사한테 2조 8천억을 다 빌려오려고 하지 말고, 우리 주민들도 돈을 직접 투자할 테니 그 돈을 조금 써주라 한 거예요. 자기들도 반대할 이유가 없죠. 일단 얼마를 약정했냐 하면, 2조 8천억 중에 천억 원 군민펀드를 약정했어요. 천억 원 규모의 군민펀드는 아마 우리나라 최초예요. ― 박우량 인터뷰 중

    신안군 재생에너지이익공유협동조합의 설립과 참여 과정에서 우리는 여러 모티브를 얻을 수 있고, 이미 여러 영역에서 발견된 고질적인 문제점들을 정리해야 한다. 농산어촌에는 이미 농협, 수협, 산림조합이라는 사회적경제체가 있고 자본도 축적하고 있고 그 자본력의 대부분은 농민, 어민, 산촌 주민들을 대상으로 금융 사업을 통해 축

적한 것이다. 지역에 시설물을 설치하는 정책 중에 주민보증과 대출의 문제는 늘 금융권에 유리하도록 되어 있다. 보증과 대출의 장벽을 자본력으로 넘을 수 있는 사람들은 농촌에서도 제한되어 있다. 앞서 서술한대로 햇빛연금이 재생에너지 정책으로 갈 것인지, 기본소득의 문제로 갈 것인지에 따라 정리될 문제이기도 하다.

박우량 군수는 행정읍·면 단위를 넘어 정서적 유대를 갖는 섬 단위로 협동조합을 만든 방식을 여러 각도에서 살펴봐야 한다. 육지와 고립되어 생활해 온 섬 주민들이 갖는 독특한 공동체 문화를 적극 활용한 점과, 기본적인 소득과 관련된 배분 문제는 행정가들이나 금융가들이 파악할 수 없는 사회적 일체감이 작동하고 있는 점, 이 두 가지 작동 기제를 자세히 살펴볼 필요가 있다.

신안군의 햇빛·바람연금 정책이 순항한다면, 도시민의 참여 확대를 고민하게 될 것이다.

일차적으로는 지역 출향인과 농산어촌에 애정과 관심을 갖고 있는 정서적 유대자들이 지역 주민들의 큰 반발 없이 이 펀드 조성과 분배에 참여하도록 하는 추가적인 정책을 발굴해야 한다. 이차적으로는 도시 지역에서 이미 활동하고 있는 여러 재생에너지 관련 사회적경제체를 활성화하거나, 새로운 사회적경제 활동 주체를 만드는 방법을 고민해야 한다.

그런데 이 지점에서만 너무 오랜 시간 시행착오를 거듭해왔다. 다행히 여러 분야에서 축적된 지혜와 활동 경험을 최대한 빨리 뽑아내, 크고 단단하게 만들 수 있는 역량을 가지고 있다.

박우량 군수는 이미 여러 과정에서 그 가능성을 충분히 보여주고 증명하고 있다.

금융권의 재생에너지 투자 경로를 개선하여 기본소득과 연계되는 상품을 만들고, 정부는 이러한 상품이 많이 팔리도록 노력해야 한다.

기존 고향기부제를 개선하여, 도시민이 재생에너지에 투자하고 그 보상으로 사전에 정해진 농산물을 받는 방식도 고려할 수 있다. 또한 농산어촌 지역 개발 목표를 재생에너지 확대 사업으로 확장하되, 주민 기본소득이나 기본 복지와 연계시키는 방안도 필요하다.

이러한 관점의 전환과 새로운 시각의 도입을 통해, 가능한 모든 접근법을 빠르게 시도함으로써 재생에너지 정책과 지역 사회의 연계 효과를 극대화해야 한다.

박우량 군수가 이런 정책을 성공시킬 수 있었던 것도, 중간에 한 번 공백을 가진 4선 군수라는 장점이 분명히 작동했기 때문이다.

신안군의 이런 정책이 중간중간 장애 요소에도 불구하고 상당히 빠르게 선개된 것을 알 수 있나.

박우량 군수는 자기 임기 4년 안에 어떤 식으로든 결론을 내기 위해, 군수가 사용할 수 있는 모든 자원을 동원하고 있었다고 볼 수 있다.

결국은 시장, 군수, 구청장이 앞장서야 하는데, 임기라는 치명적 단점이 있으므로, 그 기간이 3년을 넘지 않는 방식으로 접근하는 정책이 효율적이다.

햇빛연금 준비의 화룡정점, 기업의 참여와 협조

맨 마지막으로 기업 설득의 단계가 남아 있었다. 햇빛연금의 화룡정점은 결국 여러 제안들을 수용하고 호응해주는 기업의 참여이다. 여러 단계를 거쳐 정책을 추진해 왔지만, 업체를 선정하여 시설을 설치해야만 사업이 정식으로 추진되는 것이었다. 결국은 업체 선정을

그림 10 신안 해상풍력 기업참여 산업생태계 용역보고회(2023년 4월 17일)

위한 추가적인 섭외와 노력이 또 필요했고 설득과 설득의 날들이 계속 이어졌다.

> 발전업체 하나를 선정해서 이익공유제도를 수용하도록 해야 하는데, 아무도 저하고 면담을 하려고 하지 않았어요. 주변에 아는 사람을 통해, 어느 업체든 먼저 시범적으로 해야 한다고 알렸지요.
> 그래서 자라도에 들어오는 태양광 발전소 업체 사장을 불러 "이런 제도가 있다. 태양광 발전 사업을 빨리 진행하려면 주민들의 반대를 없애야 하는데, 이익을 공유하는 데 동의해야만 군수가 책임지고 앞장서서 주민들을 설득할 수 있으니, 이익공유제도에 동의하고 사업을 신속히 추진하시는 것이 어떻겠습니까?"라고 제안하였지요.
> 주민들이 반대하는데 어떻게 허가를 내준단 말이요. 이 조건을 수락하지 않으면 허가를 내줄 수가 없어요.
>
> 산자부에서 통상 이 사업을 해서 이익을 얼마 정도냐는 문의를 해보니, 시설 투자비, 운영비 이런 걸 다 제하고도 한 5.2% 정도를 수익으로 생각한다고 하더라고요.
> 순수익에서 5.2%를 주라. 그러니까 매출에서 5.2%를 주라고 했으면 너무 부담이 되는데, 자기들이 이야기한 수익에서 5.2%를 주라고 협상을 했죠. 그래서 한 6개월 정도 계속 만나면서 서로 얼굴 붉히고, 뭐 별소리를 다 하면서 "이 바람과 햇빛이 당신 것은 아니지 않냐? 그런데 왜 당신이 다 가져간다고 하냐? 당신도 90% 대출받지 않냐?" 이렇게 하면서 첫 번째 업체를 설득할 수 있었어요.

그다음 업체들은 "저 업체도 하는데, 왜 당신은 안 하려고 그러냐?" 하면서 참여하게 되었고, 이렇게 해서 1단계가 시작된 거죠.

제일 중요한 것이 공사하기 전에 발전사업자와 이익공유제도를 합의해야 될 거 아니에요. 요사이 다른 자치단체에서도 이 제도를 시행하려고 하지만, 쉬운 일은 아니라고 생각하지요. 그러니까, 자치단체에서 여건이 좋은 지역은 기허가가 나가버렸고, 이제는 "왜 저 업체는 이익공유제도를 적용하지 않았는데 우리 업체만 적용하려 하냐"는 저항에 부딪혀 추진이 어려운 것이지요. — 박우량 인터뷰 중

30년 동안 내리막이었던 인구 그래프 위로 꺾여

 감사원 감사가 마무리되고 1년 2개월 뒤, 2021년 4월 26일 전국 최초 햇빛연금을 신안군 안좌도와 자라도 주민들에게 지급하였다. 2024년에는 6개 읍·면 지역 주민 16,637명 중에서 13,325명이 조합원으로 가입했고, 발전용량도 총 753MW에 이르고 있다.
 햇빛연금은 조합에 가입한 조합원에 대해 지급하며, 지급 조건은 신안군에 주소를 두고 있는 자로 제한하여
  - 40세 이하는 전입신고 시 100%
  - 41세~50세 이하는 전입신고 후 1년 경과 시 50%,
  - 50세 이상은 1년이 경과하면 50%, 2년 경과하면 100%를 지급하는 연령별로 차등 지급하고 있다.
 주거지에서 태양광발전소와의 거리에 따라 100미터 이내는 4배를, 500미터 이내는 3배를, 1킬로미터 이내는 2배를, 1킬로미터가 넘어가면 1배를 주도록 하여 여건이 나빠진 만큼 더 보상하도록 하여 주민들의 반대를 줄이는 데 배분의 중심을 두었다.

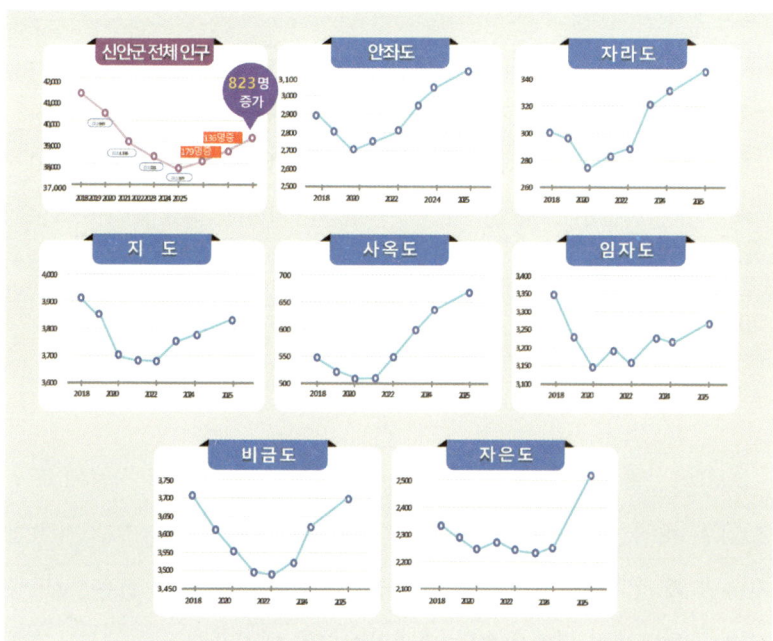

그림 11 신안군 햇빛연금 추진지역 인구 증가 현황(박우량 군수 발표자료)

3년 전부터 인구가 늘기 시작해요. 그러니까 얼마가 늘었냐 하면 매년 사망자가 500명 이상, 이주자가 1,000명 정도 줄었는데, 2023년 176명이 늘었으면 실제로 1,676명이 증가한 거지요. 2024년에는 136명이 늘었고, 2025년에는 780명 늘었으니까요. 지금 뭐라고 하냐 하면, 도시에 있는 사람들이 다 신안으로 오겠다고…

인구소멸 대책까지는 아닙니다. 이 정도 수치 가지고는 안 되고, 인구 감소 현상이 멈췄다고 봐야지요. 지금도 구체적으로 보면 14개 읍·면 중에서 햇빛·바람연금을 안 주는 읍·면은 인구가 줄고 있고, 햇빛연금을 받는 데만 인구가 늘고 있어요.

> 안 받은 면에서 받은 면으로 이사 오는 것은 인정을 안 해주고 있어요. 신안군 밖에서 오는 사람만 받을 수 있는 거예요. 그리고 이것도 또 가능한 젊은 사람을 받기 위해서 40세 이하는 오면 바로 줘요. 40세에서 50세는 오면 바로 50% 주고, 1년 지나면 100% 주고, 그리고 50세 이상은 1년 지나면 50%, 2년 지나면 100% 주고. 그런 기준이 좀 중요할 것 같아요. — 박우량 인터뷰 중

2021년 4월부터 현재(2025년 7월)까지 총 274억 원이 지급되었다. 2021년 18억을 시작으로 매년 증가하여 2024년 82억, 2025년 상반기에만 78억 원이 지급되었다. 가장 많은 지원을 받는 분은 지도읍 사옥도 협동조합 조합원으로 세대원이 9명 대가족으로 1인당 분기별로 60만 원으로 1년이면 온 가족이 1,692만 원을 지급받고 있다. 이는 민생회복 지원금을 매월 지원하는 것과 맞먹는 효과이다.

여기에 아동들에게 '햇빛 아동 수당'으로 신안군 관내 18세 미만 아동에게 연간 120만 원을 지급하도록 하고, 2,998명에게 총 53억 원을 지급하고 있다. 2024년 햇빛아동적금 추진 현황은 총 1,356명이 가입하여 7.5%의 이자를 지급한다.

햇빛연금의 정책 중 인구 유입 효과에 대해 집중적인 분석이 필요하다. 현재 신안군은 정책 시행 이후 전남에서 유일하게 3년 연속으로 인구가 증가하고 있다. 주변에 대도시도 없고, KTX 연결 등 교통이 편리한 점도 없고, 관내 특수한 기업이 유치된 사례도 없이 햇빛

그림 12 신안군 안좌면 시서마을 개발이익배당금 지급(2021년 4월 27일)

연금 정책으로만 인구유입 효과가 나타나고 있는 점이다.

신안군으로 30대 부부가 초등학생 자녀 2명을 데리고 발전소 인근 지역으로 전입하여 조합원으로 가입할 경우, 햇빛연금이 4인 기준으로 240만 원 × 4분기, 960만 원을 지원받는 셈이다. 2024년 시간당 최저임금을 적용하면 단순노동 993시간 124일에 해당하는 시간이다.

> 협동조합을 그렇게 만들어서 성공했던 이유 중 하나가 이익 공유 제도를 처음 시행하게 되니까 많은 지역 주민들에게 관심과 호응을 최대한 끌어내기 위하여 적은 재원이지만 받은 사람이 많이 받게 하고, 또한 합리적으로 가중되도록 했어요.

최초에 햇빛연금을 받게 되는 자라도의 섬 마을 중 제일 많이 받는 자라 3구 마을은 적게 받은 마을에 비하여 4배예요.
마을 바로 앞에 태양광 발전소가 들어오니까 분기별로 51만 원을 받은 거여요. 다섯 식구면 얼마예요? 255만 원이에요.
시골에서 석 달에 한 번씩, 1년에 1,020만 원 나오면 조합 가입비 다섯 식구가 5만 원 내고 복권 맞은 것보다 더 낫다니까요.

신안군 14개 읍·면 중 4개 읍·면 주민들이 햇빛연금을 받고 있고요. 금년 10월에 1개 면이 추가되는데, 그래도 9개 읍·면은 안 하고 있잖아요. 9개 읍·면에서는 군수를 볼 때마다 "우리 읍·면에 왜 빨리 햇빛연금 안 주나요? 우리도 빨리 해주세요. 우리는 언제 합니까?"라고 묻는 거여요. 그러니까 정책을 추진할 때 바로 이런 전략이 반드시 필요하지요.
전 주민들에게 한 번에 다 시행해 줘도 좋을 것 같지만, 절대 그렇지는 않더라고요. 정책에 대한 호응도를 높이고, 그것이 소문이 되도록 하는 이유예요.
인구가 느는 이유 중 하나는 신안군에서 앞으로도 2탄, 3탄을 준비 중인 것을 주민들이 알고 있기 때문이어요. 또 햇빛·바람연금 지급금액이 계속 늘어난다는 사실도 주민들이 알고 있어요. — 박우량 인터뷰 중

햇빛연금, 정부 정책의 일부만 손봐도 추가 예산 없이 가능하다

새로운 정부의 출범으로 현장에서는 정책 변화에 대한 기대가 매우 크다.

농어촌 기본 사회에 대한 논의, 지급형 복지와 생활 지원에 대한 논의는 이미 한국 사회에서 해묵은 과제이다. 예산이 부족한 것도, 제도가 없어서도 아니다. 신뢰와 주도력의 문제이다. 정부는 지역과 주민들에 대한 신뢰가 없고, 주민들은 서로 간의 신뢰가 없다.

여기에 고령화의 그늘이 빨리 들이닥치면서 이런 분야에서 고민하고 일할 사람들이 부족하다. 똑같은 사업들을 정권이 바뀔 때마다 제목과 개념만 조금 고치면서 이어가고 있는 것이 현실이다. 기존 정책들의 지원 방식을 일부만 개선해도, 발전소 주변 지역 주민들이라도 신규 예산의 편성 없이 기존 예산의 변경을 통해 햇빛연금의 성공 사례를 여러 곳에 조성할 수 있다.

삶의 질을 놓고 농촌과 도시 사람을 비교해보면, 도시 사람들이 대부분 향유하는 반면, 농어촌으로 오는 국가 지원금은 얼마 되지 않아요.
대도시 사람들은 1,500원이면 지하철로 한 번 타서 70km, 80km, 100km를 이동할 수 있어요. 대도시 사람들은 필요한 막대한 전기를 자기 생활 주변에 발전소 설치는 반대하면서, 사람이 살지 않는 지역에 발전소를 설치해놓고 우리는 그냥 쓰기만 하면 된다고 생각하면 되겠어요? 충분한 비용을 소비자나 국가에서 부담해야지요. 어떻게 세상에 전기를 쓰는 사람들이 발전소는 싫고, 발전소 설치지역에 대한 충분한 보상도 없이 주거 여건이 악화되어도 관심이 없다는 그런 생각을 할 수 있습니까? 말이 안 되는 이야기죠. 지역 주민들은 신재생에너지 시설을 혐오 시설과 똑같이 생각하고 있어요.

왜 그런 것을 생각하지 못할까? 그렇게 정부에서 그동안 현금으로 주민들에게 주면 낭비라고 하고, 이렇게 주나 저렇게 주나 결국 주민들이 받는 돈은 똑같은데, 시설비로만 사용하게 하니까 주민들이 피부로 체감하지 못하는 거예요.
신안군 이익공유제도의 출발점은 무엇인가? 반대하는 주민들을 어떻게 설득할 것인가? 그리고 이것을 통해 지역 주민들의 삶이 조금이라도 나아지도록 하는 것이 목적이에요.
신안군이 돈을 다 걷어서 주민들의 생활개선 시설비로만 썼다면, 아무런 감동도 없었을 거예요. — 박우량 인터뷰 중

햇빛연금 발판으로
5대 기본사회 만들어낼 것

　기본소득에서 '기본'의 의미는 사다리, 혹은 통로다. 이를 통해 여러 다른 정책으로 올라타거나 옮겨갈 수 있다. 이를 위해서는 사회적 자본이 필요하다.

　기존 자본 시장에서 사회적 자본으로 전환되거나 돈이 축적될 수 있는 고정 시장이 필요하다. 국내 사회적경제 관련 사업 영역을 보면, 돈이 축적되기 어려운 아이템을 다루는 경우가 대부분이다.

　이제 사회적경제도 사업의 확장과 기존 시장과의 경쟁 체계에 뛰어들어야 한다. 사업의 규모나 영역을 확장할 수 있는 시도가 필요하다.

　좀 더 큰 맥락에서 주민 삶의 질 영역에서도 주거, 소득, 의료, 교육 문제를 함께 살펴봐야 한다. 한국 사회에서 이런 논의 주제들이 일부 진보 정당과 시민사회 영역에서만 활발히 논의되고 있는 현실이 너무 오래 지속되고 있다.

　기후위기를 촉발한 근본적인 문제는 사회 불평등이다. 국민들의 주거, 의료, 교육, 육아 영역에서 불평등 문제를 해소해 가는 과정에서, 우리는 기후위기 해결의 단초를 찾아낼 수 있다.

기본사회의 5대 분야인 기본소득, 기본주거, 기본의료, 기본교육, 기본육아까지 실현해 보겠다. 충분히 실현할 수 있어요. 지금 현재의 이익 공유 시스템 안에서 8.2GW 정도의 해상풍력과 1.8GW의 태양광, 그러면 총 10GW 정도의 신재생에너지가 생산되면, 현 시스템으로 적용해 봤을 때 2032년이면 연간 약 3,000억 원 정도가 들어와요.

신재생에너지 햇빛 바람연금만 3,000억이 들어오니까, 일반 감기 정도는 본인이 부담하고 당뇨·고혈압, 암과 같은 중증 만성질환의 치료비를 지원하는 거여요.
그 다음 모든 주택에 3KW 규모의 태양열과 태양광을 설치해서, 거기서 월 15만 원 정도의 소득을 올리게 하려고 해요. 주거 전담팀을 두어 주택 구조를 개선해 주고, 주택 개선비 상한선을 설정하여 단열과 방한, 보온을 강화해 에너지 소비를 줄이려고 해요.

신안군 모든 가정에 인덕션을 전부 공급하려고 해요. 그리고 신안군에 다니는 자동차도 모두 전기차로 교체하려고요. 내 꿈이 바로 그런 거여요. 신안군 인구가 7만, 8만으로 늘어난다고 해서 무슨 의미가 있어요. 그동안 신안군을 떠나지 않고 살아온 분들이 죽을 때까지 노후가 안정적이고 편안한 사회를 만드는 것이 바로 완벽한 기본사회를 만드는 것이고, 중요한 것이지, 인구를 계속 늘리는 것이 무슨 의미가 있겠어요?
— 박우량 인터뷰 중

누더기 조례라도 괜찮아, 주민 삶에 도움만 된다면

　신안군 신재생에너지 관련 대표 조례는 다섯 개로, 「신안군 신·재생에너지 개발 이익 공유 등에 관한 조례」(2018년 10월 5일), 「신안군 신재생에너지재단 설립 및 운영에 관한 조례」(2023년 4월 12일), 「신안군 신재생에너지 사업의 효율적 지원을 위한 주민 수용성 확보 기여금 조성 및 관리 등에 관한 조례」(2024년 7월 15일), 「신안군 해상 풍력 촉진을 위한 어항 및 주변 시설 사용 지원 등에 관한 조례」(2025년 3월 1일) 등이 있다.

　이 중에서 「신·재생에너지 개발 이익 공유 등에 관한 조례」는 현재까지 18차례 개정되었으며, "이 조례는 누더기 조례"라는 우스갯소리가 신안군 의회에서 종종 나온다고 한다.

　도시 계획, 건축, 교통, 복지 관련 조례들은 개정을 자주 하는데 상위 법령이나 사업 지침의 변경을 조례에 반영해야 하기 때문이다. 신안군 햇빛·바람연금 정책은 상위 법이 구체적이지 않은 상황에서 실행과정에서 만나는 하나 하나의 요소들을 정비한 것이다. 이는 햇빛·바람연금의 초기 과정에서만 18가지의 검토가 이루어져야 한다는 반증이다.

> 조례를 2018년에 만들어서 지금 2025년이니까 7년 됐잖아요. 근데 얼마를 수정을 했냐? 18번을 했어요. 보완할 게 많은 것이 아니라 전국 최초의 모델이다 보니까 운영하면서 상황이 안 맞거나 운영상 보완해야 할 부분들이 많아서 계속 개정을 할 수밖에 없는 거예요. 그러니까 의원들도 이 조례를 누더기 조례라고 해요. 오히려 자랑스러운 훈장 같은 의미를 부여하고 싶어요. — 박우량 인터뷰 중

시기/단계	내용 요약	주요 성과
2018년 10월	전국 최초 '신안군 신재생에너지 개발이익 공유 조례' 제정	주민 지분 30% 또는 사업비 4% 출자로, 이익 30% 이상 공유
2019~2020년	주민 수용성 확보 및 제도 설계	협동조합 설립 등 주민 소통 및 추진 기반 마련
2021년 4월	첫 햇빛연금 지급 시작 (안좌·자라·기타 섬)	첫 해 21억 원 지급, 주민 인식 변화
2022~2023년	조례 확장 & 햇빛아동수당 도입	아동 약 3,000명에 40만 원 지급 시작
2023년	누적 수익 100억 원 달성	제도 3년 만에 누적 100억 원 돌파
2024년 말	누적 수익 220억 원 돌파	연간 지급액 120억 원, 군민 43% 수혜
2025~2026년	바람연금 포함 확대 구상	연간 최대 137억 원, 군민 52% 수혜
파급효과	인구 증가 및 지역 활성화	2년 연속 인구 증가 유인도 4개 증가

그림 13 내양리 태양광발전소

햇빛연금 사전투쟁기 Ⅰ

100년 동안
안 되던 일과
맞서다

100년 동안 안 되던 일

 2030년 1.5℃ 달성 목표 시점이 얼마 남지 않은 상황에서 고민되는 문제는 단순히 전국적으로 재생에너지 시설을 대량 설치한다고 해결될 수 있는가이다. 여러 지방정부에서 신안군 햇빛연금 정책을 복사해서 여러 지역에서 동시다발적으로 추진한다고 해서 그 지역들이 성공할 수 있을까? 정부의 존립 이유와 지방 선출직들의 법적 의무는 주민 복지 개선에 있다. 지역 개발과 재생의 목표가 주민 생활 여건 개선에 맞춰져 있는가의 문제는 곧 기후위기 시대의 여러 문제를 해결할 수 있는가와 직결된다. 주민 복지 개선과 무관한 다른 목적들이 개입한 결과, 오늘날 기후위기가 초래된 것이다.

 신안군의 햇빛연금 정책은 오랜 시간 주민 생활 여건을 중심으로 운영된 군정이 일관된 목표와 과정을 유지할 때, 지방의회의 협력, 공무원의 역량, 주민 역량이 축적되면서 가능하다는 것을 여실히 보여준다. 이 과정에는 시장이나 군수의 일관된 철학과 지향이 필수적이다. 신안군 햇빛연금 정책을 관통하는 박우량 군수의 철학은 크게 두 가지로 요약할 수 있다. 하나는 '답답한 정부를 설득하기 위해 몇 날, 며칠이고 불면의 밤을 보내더라도 방법을 찾아야 한다'는 것, 또 하나는 '모든 일이 군수 마음대로 되는 것은 아니므로, 몇 년이고 기다리며 설득하는 인내가 필요하며, 다만 때가 왔다고 판단되면 즉시 움직여야 한다'는 것이다.

야간 여객선 운영에서 버스 공영제까지

신안군에는 유네스코 갯벌 보존 같은 정책도 있지만, 햇빛연금의 정책 철학과 가장 유사한 정책은 버스 완전 공영제이다. 이 두 정책의 유사점은, 먼저 법적 문제를 혁신하고 오랜 시간을 준비하며, 최종적으로 주민들에게 어떤 도움이 될지를 고민했다는 점이다.

군정에 제일 영향을 준 것이 여객선 야간 운항제예요. 일본 오사카 대학에 92년 유학을 가서 93년경에 '시코쿠'(四国)라는 섬에 갔는데, 해가 이렇게 뉘엿뉘엿 져서 한국에서처럼 배가 끊길까 봐 걱정이 되더라고요. 그런데 야간 운행하는 배가 있다고 하더라고요. 나는 섬 사람이잖아요. 진짜 사실인지 바로 부두에 가봤더니, 일몰 이후에도 2시간, 3시간 간격으로 운행을 하고 있더라고요. 제가 그때 엄청 충격을 받았어요.

우리 신안 모든 섬에 다리를 놓을 수는 없으니까, 섬에도 사람이 사는데, 거기에 밤에 여객선이 다니면 얼마나 좋을까? 유학생활을 끝내고 고향을 생각할 때마다 일본의 야간 여객선이 다니는 그 모습이 저의 머릿속을 떠난 적이 없어요. 2006년에 신안 군수에 출마했을 때, 제1공약이 야간에도 여객선이 다니게 하겠다는 것이었어요. 야간 여객선이 다니게 해주겠다고 약속했죠.

선거 과정에서 모두가 저를 공격했어요. 후보가 6명이 나왔는데, 어떻게 군수의 능력으로 김대중 대통령도 못했던 일을 할 수 있느냐? 거짓말이다. 그래서 야간 여객선의 운항을 규정하고 있는 것이 대통령령이 아니고 해양수산부령이에요. 해양수산부장관이 결재하면 되는 거라고 말했어요.

당선되자마자 그날 오후에 목포 항만청을 찾아갔어요. 그랬더니 두 말 않고, 해서는 안 되는 일이라고 딱 잘라버리더라고요. 바로 해수부에 가서 국장과 차관을 만났어요. 거기서도 안 된다고 하더라고요. 그건 100년 동안 안 됐던 일이라면서.

해수부 차관을 만났을 때, 우리나라가 세계적으로 조선 1등 국가인데 목포 앞바다에 있는 작은 섬에도 배가 못 다니게 하면 저 큰 바다에 나가야 할 배를 만드는 우리나라 배를 살 수 있겠냐고 했어요. 그래서 내가 뉴욕 타임즈에 광고를 내겠다, 아니, 한국 배 살 때 주의하라고 광고를 내겠다고 압박을 했더니, 차관은 저에게 광고를 내려면 내라고 하더라고요.

— 박우량 인터뷰 중

법률과 조례는 연구하다 보면
되는 방법이 나오게 마련

    시장, 군수, 구청장들이 지역 이슈와 관련된 법률이나 조례를 극한의 상황까지 밀어붙이는 경우는 매우 드물다. 주민들이 청원을 통해 조례를 제정하는 방법도 있으나 아직 보편화되지 못하고 있다. 중앙부처가 지역 현장에 도움을 주기 위해 먼저 법률을 개정하는 경우는

그림 14 해진해운 야간 운항 취항식(2019년 4월 11일)

거의 없기 때문에, 신안군 야간 여객선 운항이 일반적인 사안이 아니더라도 법령 개정에서의 경험은 군정 운영에도 큰 자산으로 작용했을 것이다. 이런 경험들은 햇빛연금의 추진 시 감사원과의 대립, 각종 법과 조례 개정 작업에도 여러 영향을 미쳤다.

> 다시 절망을 하고 내려왔어요. 주민들에게 내가 야간에도 여객선이 다닐 수 있도록 해준다고 말했는데, 이거 어떻게 해야 되나 고민을 하고 있었어요. 몇날 며칠 잠을 못 자고 고민하고 있었는데, 때 마침 노무현 대통령이 서남권 발전 특별법을 만들어 서남권을 특별히 발전시키겠다고 임기 말에 발표를 했어요. 그리고 11월 중순경에 청와대에서 해수부 장관, 행안부 장관, 국토부 장관, 균형 발전 위원장, 전남지사, 목포시장, 무안군수, 신안군수, 목포·영암·무안·신안 국회의원 두 분을 불렀어요. 도지사부터 순서대로 의견을 개진했고, 제가 제일 마지막으로 이야기를 했어요.
>
> 그때 저는 이렇게 건의했어요. "우리 섬에는 통행 금지가 오후 4시 반입니다." 다 깜짝 놀라더라고요. 해수부 훈령에 모든 여객선은 일출전 30분에서 일몰 전 30분 전까지만 운영하게 돼 있습니다. 그러니까 100년 동안 그렇게 된 것입니다. 목포항에서 출발한 배가 일몰 30분 전까지 목포항으로 다시 돌아와야 합니다. 여름철에는 오후 4시 반이 마지막 배, 겨울철에는 오후 3시가 마지막 배, 이 조문을 고쳐주시면 우리는 돈을 안 줘도 섬이 개발됩니다. 노무현 대통령께서 해수부 장관을 하다 온 사람이라서 인지, 여러 질문 중에서 제일 먼저 제 이야기에 답변해 주셨어요. 노무현 대통령께서 차관한테 밤에 여객선을 다니게 해주면 안 되는가, 그랬

더니 차관이 답변하기를 안전성이 문제가 있다고 이야기하자 대통령께서 다시 안전성을 보완해서 검토하라고 했습니다.

그리고 한 달이 지나갔어요. 12월 초가 됐는데 그때까지도 이 조문을 안 고치고 있더라고요. 노무현 대통령께서 전남 서남권 현장을 방문하신다는 계획을 통보받고 나서, 청와대에서 전화가 왔어요. 무안읍 승달회관에서 무안군수는 환영사를, 목포시장은 만찬사를 하도록 되어 있는데, 신안군수는 아무것도 할 것이 없는데 뭐 했으면 좋겠느냐고 문의하는 것이었어요. 저는 "아무것도 안 해도 되니, 대통령님과 정면에서 밥 먹는 자리만 확보해 주세요."라고 부탁했지요. 청와대 관계자가 오케이 해주겠다고 했고, 둥그런 테이블에서 노무현 대통령님의 정면에 앉아 밥을 먹게 됐어요. 저는 밥을 안 먹었고, 노무현 대통령께서 식사가 끝날 때까지 기다렸지요.

노무현 대통령께서 식사가 끝나자 저는 이렇게 말했어요.
"대통령님, 저번에 청와대에서 건의했던 야간 여객선 운항은 우리 신안군만 혜택을 보는 것이 아니라, 전국의 모든 섬을 다니는 약 500만 명의 관광객들에게도 도움이 됩니다."
그랬더니 대통령이 밥을 먹고 있던 해수부 차관을 부르시더라고요.
"그거, 밤에 여객선 다니게 해주면 안 되나요?" 하고 아주 저음으로 이야기하더라고요. 그 후 해양수산부에서는 일주일 만에 '일출 전 30분에서 일몰 후 30분까지' 규정이 없어지고, 안전에 문제가 있을 때만 통제하도록 바뀌었어요. ― 박우량 인터뷰 중

휘두르는게 아니라
설득하면서 기다리는 것

여러 지방정부에서 햇빛연금 정책을 준비하고 있다. 그중에서도 제일 우려스러운 부분은, 시장·군수·구청장들이 불도저 같은 추진력으로 단기간 내 정책을 완성하려는 경우가 있다는 점이다. 현장에서의 적용과 추진에는 예상치 못한 변수들이 반드시 존재하며, 미리 대응하기 어려운 사안들도 필연적으로 발생한다. 방법은 설득하고, 설득하면서 기다리는 것이다.

압해도가 제일 큰 섬이에요. 농협에서 여객선을 운항하고 있어서 압해 농협 조합장을 만났어요. 조합장에게 야간에 여객선을 운항을 제안하자 "군수님, 밤에 배 다녀도 괜찮은데 제일 걱정이 손님 없어서 적자가 예상됩니다." 그래서 저는 걱정하지 마라. 반드시 그 야간 여객선에 이용객이 많을 거라고 했어요. 조합장의 완강한 반대로 할 수 없이 의원들을 설득해서 조례를 만들었어요. 무슨 조례를 만들었냐? 야간에 군수가 지정한 시간에 여객선을 운영해서 적자가 발생하면, 그 적자를 100% 신안군에

그림 15 야간 여객선 운행 모습(2019년)

서 보존하겠다는 조례입니다. 조례가 통과돼서 조합장한테 여객선을 다니라고 했어요. 야간 여객선은 목포에서 밤 10시 30분에 출발했어요. 목포에 오후 9시 몇 분에 도착하는 서울에서 오는 마지막 새마을호가 있어서 목포역에서 선창가까지 오는 시간 30분과 추가 30분 여유를 고려하면, 10시 30분 출발이 딱 맞더라고요.
10시 30분에 야간 여객선을 띄웠는데, 매일 만석인 거여요. 압해도 주민들은 여객선이 다니면서 삶의 스케줄을 밤 10시 30분으로 맞추는 거여요.

옛날에는 신안 사람들이 교통사고가 많이 났어요. 광주 등 다른 지역을 갔다가 4시 30분까지 목포에 와야 되니까 과속으로 다녔지요. 늦으면 목포에서 자야 되니까 경제적 이익을 따져보니 연간 160억 정도의 이익이 주민들에게 발생하는 거여요. 목포에서 자면 여관비 3~4만 원, 저녁·아침 먹으면 2만 원에다가 다음 날 들어가니까 반나절 일을 못 하는 것 5만 원 합치면 1인당 10만 원 정도 됩니다. 야간 여객선을 이용하는 사람이 16만 명이니까 10만 원을 곱하면 160억이 되지요.

야간 여객선이 우선 가까운 섬에서부터 먼 섬으로 확대되어 갔지요. 2~3개월 지나니까 무슨 말이 들어오냐 하면, 야간 여객선이 실효성이 없다는 거여요. 왜 실효성이 없냐, 야간에 이 배를 타고 오면 버스가 있어야 되는데 버스가 운행되지 않아 택시를 타고 가려니까 2만~3만 원이 소요된다는 거여요. '차라리 그 돈이면 목포에서 편하게 자고 오지'하는 불만이 팽배한 거여요.

당시 민간 버스 회사 14개가 각 읍·면 섬마다 하나씩, 한 50년 된 민간 버스 회사가 있었어요. 여객선이 이렇게 늦게 운행하게 되니 야간 버스를 운행을 해달라 요청했더니 기존 보조금의 3배를 더 주라고 한 거여요. 야간에 운영하려면 버스 기사도 더 채용해야 되고 수당도 더 줘야 되고 직원들도 늦게까지 근무해야 된다면서. 생각했던 돈보다 엄청 많은 거예요. 그러려면 군청에서 차라리 버스회사를 매입해서 운행하는 것이 좋겠다는 생각을 했지요. 그래서 14개 버스 회사 중에서 제일 지역 주민들한테 평판이 나쁘고 서비스가 나쁜 데가 어디냐 그랬더니 임자도 버스회사더라고요. 버스회사 사장과 면담을 해서 우리 군에다 버스회사를 팔면 영업권으로 8천만 원 정도를 보상하겠다고 하였지요. 버스 1대당 기사 한 명을 신안군청 직원으로 채용을 할게요. 버스는 감정평가액에 사주겠다. 이 세 가지 조건을 걸었어요. 버스회사 측에서는 50여 년 아버지가 해왔던 건데 내가 매각할 수 있겠냐고 하면서 반대를 많이 하더라고요.

그런데 가장 어려웠던 것은 저를 지지했던 사람들이 저를 찾아와서 '버스 회사를 건들지 마세요. 버스회사 사람들이 그 지역에서 40년, 50년 동안 버스를 운영해 왔는데 자기들 생업을 뺐으면 절대로 다음에 군수 재선은 안 돼요.' 그 말을 듣고 저도 주춤했지요. 고민하면서 한 2~3개월이 흘렀어요. 이걸 해야 되나, 말아야 되나. 밤에 여객선도 다니고 지원도 해주고 있는데 버스가 안 다니면 이 야간 여객선이 다니는 것이 아예 무용지물이다. 다리는 나중에 놔주더라도 우선 여객선이라도 다니게 해야 아픈 사람들이나, 또 섬에 들어갔다 밤에 육지로 나올 사람들, 출퇴근하는 사람들에게 정말로 중요한 일인데.

제가 생각한 마지막 결론이 '내가 군수 한 번 더 하겠다고, 이거 물러설 수는 없다.' 바로 기획단을 만들었어요. 기획단을 만들어 갖고 임자도 버스회사부터 보조금 주지 말아라. 그리고 그 사람들한테 신안군에 팔게 모든 수단을 동원해라. 그리고 계속 설득했어요. 1년 만에 OK 받았죠. 2007년부터 13개 읍·면의 버스회사를 하나씩 사들였어요. 14개 버스회사를 다 사는 데 6년 걸렸어요.

우리나라 최초의 버스 완전 공영제를 시행하게 되었고, 민간버스회사가 운영할 당시에는 운행 거리에 따라서 돈을 더 받았어요. 가까운 데는 1,000원에서 1,500원, 1,700원, 4,500원까지 받았어요. 신안군에서 버스 공영제를 운영하면서 65세 이상은 공짜, 18세 미만도 공짜, 그 외의 주민은 천원으로 요금을 단일화하였지요. 그리고, 지난 18년 동안 버스 요금을 한 번도 올린 적이 없어요. 버스 인수할 때 연간 16만 명이 타고

그림 16 신안군 공영버스 운행 모습

다녔는데 인구가 줄었는데도 지금은 거의 63만 명이 타고 다녀요. 그래서 우리나라 최초의 완전 공영버스제가 버스 야간 여객선 때문에 생긴 거여요. — 박우량 인터뷰 중

일률적인 정부정책의 한계,
지역의 유연성으로 넘어야

신안군의 여러 정책들이 정부 정책의 한계 지점을 파악하여 유연하게 대응하는 사례가 상당수 많음을 알 수 있다. 신안군 공영버스 정책 완성과 운영방식을 살펴보면서, 지역에서 필요한 일인데 중앙부처의 기준이 없거나 부합되지 않을 때 시장, 군수와 공무원의 해석과 판단이 매우 중요하다는 것을 알 수 있다. 어떤 사안은 중앙부처 기준 내에서만 움직이고, 어떤 사안은 중앙부처의 기준과 가이드라인을 뛰어넘더라도 주민들을 위해 대응이 필요한 지점이 반드시 있다. 이런 상황에서는 어떤 식으로든 주민들에게 가장 효과가 높은 방향으로 판단하는 것이 최선의 결과를 낸다는 것을 정확히 보여주고 있다.

> 버스 공영제는 여객선 야간 운행의 실효성을 담보하려고 전국 최초로 시작한 거죠. 전국 자치단체에서 시행하는 버스 준공영 제도는 밑 빠진 독에 물 붓기입니다. 큰 도시들은 1년에 몇백억에서 천억까지 주더라고요. 버스공영제 운영에 신안군에서 지원하는 돈은 24년 기준으로 연간 약

56억 정도이고, 이용객은 연간 63만 명입니다. 이용자 1인당 천 원만 계산해도 6억 3천만 원이에요. 신안군에서 직영하니까 군민들에게 서비스가 좋아지고, 버스가 깨끗해지는 등 군민들이 좋아합니다. 2008년 처음 버스 공영제를 시행하려고 할 때 행안부에 기능직으로 버스 기사 정수를 주라고 요청했지요. 몇 번 찾아갔는데 안 해 줘요. 신안군만 기능직 정수를 해줄 수가 없다. 정수를 안 늘려주는 거여요. 그래서 할 수 없이 읍·면 단위로 버스 운영 협의체를 만들었어요.

이 협의체는 비영리법인으로 세무서에 신고하여 지역 주민 대표와 그 관할 읍·면장하고 같이 권역별로 6개의 운영 협의체를 만들어서 공영버스를 운영하고 있지요. 읍·면 권역별 버스 운영 협의회가 운영 주체가 되어 직원도 채용하고 주민들이 원하는 버스 시간표, 버스정류장도 조정할 수 있도록 했지요. 이제는 전국적으로 많은 자치단체에서 신안군에 와서 벤치마킹하고 있어요.

버스 완전 공영제를 하니까 무슨 문제가 생겼냐하면 택시 기사들이 계속 군청과 군수를 욕하고 다녀요. 군청에서 버스공영제를 하면서 65세 이상은 무료로 이용하니까, 택시 탈 손님들이 버스로 다 가버리니까 너무 적자를 본다는 거여요. 택시 기사들의 밥그릇 뺏었다는 것입니다. 보완책으로 이 버스가 모든 마을을 다 돌려고 하면 시간이 너무 많이 걸리니까 손님이 아주 적은 마을이나 큰 도로에서 많이 들어가는 마을은 그냥 통과하고 그 마을 주민들에게는 1인당 택시 쿠폰을 일주일에 두 장씩 한 달에 8장을 준 거예요. 그래도 완전한 택시 손실 보전이 되지 않아서 2018년부터는 80세 이상 노인분들에게는 몸이 불편하니까 나갈 때는 공용 버스를 이용토록 하고 장터에서 물건을 사 갖고 귀가할 때는 택시를 타고 들어오라고 해서 매월 4만 원씩, 부부가 있으면 8만 원 줍니다. 그 대신 매월 1일 날 지급한 교통카드에 자동 충전해 드리고 말일까지 안 쓰면 군청에서 자동 환수토록 하였지요. 택시도 타는 사람이 고정적으로 많이 생겼잖아요. 택시 수익이 상당히 보전이 되면서 택시하는 분들과의 갈등이 해소되었지요.

신안군의 버스 공영제는 학자들이 공공에서 운영하면 비용이 더 들고, 민간이 해야 돈을 절감할 수 있다고 하는데, 역설적으로 그 반대의 현상을 보여주고 있지요. 준공영제 버스를 운영하는 대도시의 경우 대부분 사모펀드가 모두 운영하고 있어요. 왜냐하면 돈이 되니까, 아니, 무조건 적자가 나도 보전해 주니까요. 신안군의 공영버스는 한 대에 연간 소요 비용이 8천만 원에서 9천만 원 들어가요. 준공영제 버스를 운영하는 곳은 버스 1대당 연간 1억 3천만 원 이상이 들어간다고 하니까요.

— 박우량 인터뷰 중

햇빛연금과 버스 공영제의 공통분모가 많다. 이는 두 가지 정책 모두 주민 삶의 질과 지역 재생에 기반한 정책이면서, 버스 문제는 교통 분야 탄소 배출에 밀접한 영향을 주는 분야여서 기후 위기로 비롯된 사회 현상과도 직접적인 연관성이 많은 정책이다. 햇빛연금이 재생에너지를 활용한 주민 배분 방식의 혁신 사례라면, 야간 여객선과 버스 공영제는 현재 자가용 중심에서 대중교통 방식으로의 전환과,

대다수가 사회적 약자인 교통약자 배려를 포함한 혁신 사례이다. 두 사례 모두 복잡한 사회 이론이나 제도 분석이 없더라도 주민 고통과 생활 속 어려움을 어떻게든 해결하겠다는 의지에서 출발했다는 것을 알 수 있다.

시간적 전후 관계를 살펴보면, 신안군은 버스 공영제라는 정책 추진 과정에서 주민들의 불편을 수집하고 사례화하는 과정, 그 사례들을 해결하는 데 장애가 있는 법령과 조문을 적극적으로 해석하고 해결하는 과정, 반대하는 주민들이나 이해 관계자들을 설득하거나 압박하는 과정, 예기치 않은 제3의 변수에 대응하는 과정, 2차 파급이나 영향이 예상되는 연관성 분석 등 유사한 패턴을 보여주고 있다. 이는 지역 역량의 학습과 성장이라고 표현한다. 지역 역량은 지방정

그림 17 신안군 공영버스 운행 모습

부 대표의 역량, 공무원의 전문성, 민관 협력 조직의 유무, 시민사회의 건전성, 여러 영역 활동력의 결집이다. 지역 역량이 충분히 학습되고 성장하지 않은 지역에서 경제나 기후 위기 관련 정책을 추진하는 것은 바로 실패로 이어진다는 사실은 충분히 경험할 수 있고, 쉽게 예상할 수 있는 일이다.

그럼 선택과 집중의 문제로 역량이 준비된 지역만 정책을 추진하도록 할 것인가?, 그보다는 햇빛연금 같은 새로운 시도들을 준비하는 지역들의 역량을 지속적으로 성장시켜 주면서, 여건이 갖춰진 지역들을 우선적으로 사업에 투입시킬 것인가? 몇 개의 모델링을 통해 모델에 맞는 방법론을 개발하고 투입시킬 것인가? 여러 방법들이 제시될 수 있다. 이런 경우에는 정책적 유연성이 필요한데 한국 정부가 가장 부족한 부분이다. 박우량 군수는 버스 공영제를 추진하는 과정에서 정치적·정책적 유연성을 학습했다. 군수가 버스 운영회사의 모든 결정권을 갖는 단계를 거쳐, 운영 주체를 주민들이 참여하는 협의체로 바꾼 점, 연령에 따라 택시 쿠폰을 발급한다든지, 읍내로 나가는 과정과 돌아오는 과정의 주민 패턴을 분석하여 서로 다르게 구상한 지점에서 정책적 유연성을 보여주고 있다.

신안군 버스 공영제가 정부 공모사업이었다면, 이런 유연성을 보여주기가 어렵다. 정책적 유연성은 의사결정자의 몰입도와 그 성과와 결과에 대해 책임지려는 의지에 비례하여 그 강도가 결정된다. 몰입의 과정에서 책임감이 없으면, 그것은 보여주기식 행정일뿐이다.

산업화 이후 우리 정부의 가장 문제점은 유연성의 부족, 즉 경직성이다. 어떤 사회학자는 그 경직성은 군사정권의 잔재와 산업화 이후 무기력한 정치권의 결함에서 기인한 것이라고 규정하기도 한다. 상부로부터의 명령이나 구체화된 법률과 조문이 없으면 아무리 큰 실행력을 가진 집단도 아무것도 하지 않거나 할 수 없는 방관자가 된다.

햇빛연금 정책에서도 박우량 군수와 신안군청 공무원들이 충분히 학습한 정책적 유연성의 기획과 작동을 정확히 볼 수 있다. 지역별로 배분 체계를 나눈다든지, 연령과 지역 전입 여부에 따라 지원 시기를 차등화하고 주민들의 보증 부담을 덜어주는 방법을 구상하는 지점이다. 박우량 군수는 인터뷰 과정에서도 정확한 수치와 통계, 경제적 이익 가치를 정량화하여 제시하는 모습을 보여주었다. 또한 정책 추진 과정에서 학습했던 법령의 세부 조문까지 제시하고 있다. 인터뷰가 진행되던 박우량 군수의 서재에는 거의 모든 분야의 신문 스크랩과 자료들이 목록화되어 보관되고 있었다. 심지어 신안군과 관련이 있을까 싶은 '주한미군', '락음악' 같은 자료들을 보면서 지방정부 대표와 공무원들의 끝없는 학습과 정진만이 지역 발전의 기초가 된다는 것을 확인할 수 있었다.

고령화로 예상되는 공동체 자산의 한계, 모든 노인정을 신안군 소유로

태양·바람·바닷물이 주민의 소유라고 강조했지만, 신안군은 최근 마을공동체나 마을회 소유의 노인정을 전부 신안군 소유로 이전하는 사업을 벌이고 있다. 앞뒤가 안 맞는 정책인가? 이는 공동체 자산의 한계를 간파하고 있는 지점이다. 공동체 자산의 소유권이 여러 주민들에게 나눠져있어 향후 큰 갈등의 여지가 있는 현상을 군수가 파악한 것이다. 마을 공동체가 고령화로 갈등이나 분란이 일어나면 대책이 없을 것 같다는 점을 인지한 것이다. 정부의 방침이니 지침이 없더라도 작은 갈등이지만 마을에서 충분히 예상되는 갈등이면 어떤 일이라도 군수가 나서서 막아야 한다라는 신념이 작동한 것이다.

읍·면에 있는 대부분의 노인정이 동네 대표자 네 분 내지 다섯 분 공동으로 등기가 돼 있어요. 그러다 보니까 어떤 문제가 생기냐 하면, 그분이 돌아가시면 자식들한테 상속 문제가 생겨요. 그러면 자식들이 뭐라고 하냐면, 자기 아버지 이름으로 공동 등기가 돼 있으니까 내가 상속을 받겠다고 합니다. 동네 사람들이 다 돈을 모아갖고 토지를 구입하고 건물을 마련하여 마을 대표자 몇 사람에게 재산등기를 한 거니까요. 법적으로 마을의 그런 사연을 기록으로 남겨놓지 않아서 아버지가 돌아가시면, 도시에 거주하는 자녀들이 상속해 달라고 요구하는 사례가 빈발하지요. 마을에서 보상해주거나 다시 사 가라고 이야기를 하는 거여요.

어르신들이 돌아가시기 시작하면서, 신안군 내 전 노인정이 그런 문제에 직면하게 되는 거예요. 한 4년, 5년 전부터 총력을 다해서 모든 노인정은 신안군 소유로 다 등기를 하라고 하였지요. 동네에서 마찰도 심했지요. 왜 우리 돈으로 지었는데 군청으로 등기를 변경하라고 하냐. 땅은 우리 주민들이 분담해서 구입하였는데 등등. 심지어 일부는 보상도 해주고 등기 비용은 군에서 전액 부담하였지요. 전 노인정을 다 군 앞으로 등기를 했어요. 읍·면별로 실적을 순번으로 매기고, 읍·면장과 연고가 있는 전 직원들을 독려했어요. 거의 다 했어요. 그렇게 하면 군 소유 건축물 면적이 늘어나요. 최근에 복지부에서 어떤 프로그램을 했었냐 하면, 군 소유 복지 시설들에 대한 리모델링 예산을 지원하는 제도가 생겨난 것입니다. 55억 원이나 지원을 받아 갖고 왔더라니까. 다른 군에서 깜짝 놀라더라고요. — 박우량 인터뷰 중

8년간 입은 환자복,
군수라면 결단하고 행동해야 한다

흔히 농산어촌 지역의 복지, 교육의 위탁 문제는 건드려서는 안 되는 영역이라는 인식이 팽배하다. 행정이 직영을 하게 되면 유지 비용 면에서 비효율이고, 지역 인적 역량도 많지 않은 상황에서 대안을 찾기가 쉽지 않기 때문이다. 자칫 민간 주체들과의 갈등이라도 생기면 행정의 타격이 크고 후폭풍도 만만치 않다. 그래서 종종 위탁의 과정에서 큰 잡음이 생기기도 하고 지역 갈등과 조우하게 되는 일이 다반사다. 농산어촌에 각종 시설 지원정책이 붐을 이루는 과정에서 조성된 여러 시설의 문제들을 고령화와 인구 감소의 그늘에서, 박우량 군수는 정책을 거꾸로 생각해보고 되돌려보는 시도들을 하고 있다.

> 2006년에 군수로 취임하고 보니 노인 요양병원을 우리 군에서 하나 갖고 있어요. 노인 요양원도 갖고 있어요. 그다음 장애인 복지시설까지 총 3개를 갖고 있는데 민간 위탁을 주면서 출발했어요. 노인요양병원은 민간 병원에, 노인요양원은 종교계에, 그리고 장애인 시설도 종교계에 위탁

을 줬는데 운영 상태를 지켜보니까 믿을 수가 없는 거여요. 부정적인 요소가 너무 많은 거예요. 예산을 줘도 그것이 효율적으로 안 쓰는 거여요. 그래서 안 되겠다. 그럼 직영을 해봐야 되겠다.

위탁 기간이 끝날 때까지 3년이고, 4년이고 기다리고 있다가 끝나면 위탁자들을 계속 설득을 해가지고 세 개를 다 신안군에서 직영으로 전환을 했어요. 그래서 전환하기 전에 퇴직 1년 놔둔 직원들을 거기에 부원장 또는 사무국장으로 파견 보낸 거여요. 간호사 출신인데 보건소장했던 직원에게 노인병원 운영을 알아보라고 하고, 요양원도 간부 직원을 사무국장으로 보내서 실태를 정확히 알아보라고 하였지요. 위탁 기간이 끝나면서 재위탁해 주라는데 안 해줬어요. 직영으로 다 돌렸어요. 직영으로 돌리고 나서 실태를 보니까 그동안 군에서 돈을 많이 투자했는데 하나도 제대로 되는 것이 없었어요. 심지어 요양병원 같은 경우는 환자복 한 벌을 8년을 입힌 거여요. 환자복이 너덜너덜된 상태로 있더라고요. 신안군에서 직영체제로 인수하자마자 집중적으로 개선하고 보완하였더니 주민들의 인식도 엄청 좋아졌고 근무 직원들 사기도 높아진 것 같아요. 보건복지부의 민간 위탁에서 자치단체 직영 체제로 전환한 유일한 사례로 전국에 소개되었고 견학도 줄을 잇는 것 같아요. 복지 분야에서도 계속 지켜보면서 '저게 왜 문제일까? 어떻게 해야 저 문제를 고칠 수 있을까?'를 계속 들여다봐야 해요. 이 문제는 시장·군수가 직접 매달리지 않으면 못해요. 위탁받는 곳들이 힘이 쎈데 이기겠어요? 군수가 죽자 살자 매달리다 보니까 서로 좋게 해결할 수 있는 방안이 보이더라고요.

— 박우량 인터뷰 중

햇빛연금 사전투쟁기 II

섬 주민들의
상처 입은 마음에
고운 색깔을
입히고 싶은 이유

섬 주민들의 상처 입은 마음에
고운 색깔을 입히고 싶은 이유

    대한민국 농산어촌의 가장 큰 어려운 점은 주민들의 마음 한구석에 어두운 상처들이 있다는 것이다. 그것은 산업화 과정에서 배우고 출세하기 위해서 모두 도시로 향할 때 도시로 가지 못하고 지역에 남아 농사, 어업, 임업, 장사를 하게 되었다는 낮은 자존감에서 기인한다. 산업화 이후 농업과 농촌의 중요도가 무시되면서 농산어촌은 늘 도시에 공급만을 담당하는 공간으로 인식되었다. 헌법에서 정의한 형평성의 원칙도 무시된 채 도시민의 농산물과 식재료의 공급지이면서, 도시민에게 휴양과 힐링의 공간을 제공하고, 도시에서 사라지는 정감 있는 공동체문화를 유지하거나, 이제는 기후위기 시대에 넓은 공간을 재생에너지 공급의 공간으로 제공해야만 하는 상황에 처해 있다. 물론 이 문제를 해결하기 위해 여러 부처에서 막대한 예산과 정책을 지원한 것도 사실이지만 가장 핵심적인 부분을 놓쳐서 실패한 것들이 대부분이다. 박우량 군수는 주민들의 상처를 어떻게 껴안을지에 대해서 고민을 시작한다.

신안군에서 관광도 필요하지만 제일 중요한 것은 군민들의 가슴 속에 뭘 해 줘야 자긍심이 생길까? 우리 신안군민들은 어떤 생각을 갖고 있냐? 내가 돈이 많았으면 이 섬에 살았겠느냐? 내가 많이 배웠으면 이 섬에 살았겠느냐? 다 내가 여건이 안 돼서 어쩔 수 없이 이 섬에 살고 있다고 하는 상대적인 박탈감을 갖고 있어요. 상대적인 열등감을 갖고 있어요. 그런데 그 열등감을 치유하는 데 돈을 1억을 주고 2억을 주고 돈을 많이 준다고 해서 될 일이 아니지요. 그 열등감은 상대적인 열등감이에요. 아무리 돈을 많이 벌게 한다고 해서 도시에 있는 사람들을 능가할 수는 없어요.

경제적으로 도시를 능가할 수 없으니까 그럼 무슨 측면에서 이것을 해야 될까? 신안군의 섬에 사는 것이 자랑스럽게 하려면 무엇을 해야 할까 고민을 많이 했지요. 결론적으로, 아름다운 섬을 더 아름답게 가꾸는 정원화 사업이 그 중의 하나라고 생각했어요. 도시에 살면 이런 아름다운 섬을 볼 수 없잖아요. 신안군 주민들이 매일 슬리퍼 신고 흙 묻은 장화를 신고 와도 느낄 수 있고 향유할 수 있도록 하는 것이었어요. 아름다운 섬을 더 멋있게 정원처럼 가꾸고 축제도 하고, 이를 홍보했어요. 주민들을 찾아오는 친인척이나 관광객들이 '나도 이런 섬에서 살고 싶다'라는 말을 자주 듣다 보니까, 어느 시점부터 주민들의 가슴속에 잃어버린 자신감이 조금씩 생기게 되고 열등감도 많이 엷어졌더라구요.

마을마다 섬마다 색깔을 입히기 시작하고 있어요. 신안군이 재정 여건이 엄청 열악한데, 어떻게 저렇게 많은 마을을 하게 됐을까 다 궁금하

그림 18 선도 수선화 (2022년 4월 15일)

게 생각해요. 중앙부처에서 읍·면 소재지 정비 사업비가 보통 80억에서 100억 단위인데, 내가 2018년에 다시 세 번째 군수로 와서 보니까 다 농어촌공사에 위탁을 줬더라고요. 그런데 농어촌공사에서는 크게 3개 사업으로 나눠서 100억 사업을 계획하였는데 커다란 마을회관, 데크 시설, 정원 조성 등으로 되어 있어서, 지역 주민들이 피부로 느낄 수 없도록 사업 내용으로 확정해 놓은 거여요. 농어촌공사에서 오직 설계하기 쉽고 감독하기 편한 사업중심으로 마련한 것이었어요.

신안군은 농어촌공사 사업에 위탁한 사업을 다시 환수해서 가능하면 지역 주민들 모두가 조금이라도 삶의 질이 나아질 수 있도록 재구성하였지요. 전국 자치단체에서 유일하게 직영사업을 한 사례였지요. 그 이유는 앞으로 50년 이내에 이 마을에 이렇게 대규모 사업을 주는 것은 없을 것이다, 그러니 이 사업을 갖고 첫째는 면소재지 마을로서 중심 기능을 하고, 둘째로 마을 사람들의 삶에 실질적인 도움이 될 수 있도록 하려면 어떤 방향으로 사업을 바꿔야 할까? 40억 원 규모의 커다란 마을회관은 면 소재지 마을이 보통 한 200명~300명 사는데 이미 면단위 면민회관이 있기에 그 시설을 활용하면 충분하고, 년간 20~30일 정도 사용하기 위하여 신규로 건축한다는 것은 낭비 요인이 있고 향후에 유지 관리비를 군청에서 지원해야 하는 문제도 있어서 변경하도록 하였지요.

20억 원 규모의 데크시설은 투자대비 이용하는 사람들이 적고, 또 20억 원 규모의 정원을 만드는 것 등으로 사업비를 다 쓰기엔 너무 아까웠어요. 주민들 모두한테 차라리 현금을 n분의 1로 나눠주면 최고지만, 그렇게 안 되게 되어 있고, 개인적으로 지원하는 사업은 자부담 10%가 되어야 가능하게 되어 있어요. 그 자부담 10%가 인구가 고령화돼 있고 지역 주민들의 소득 수준이 낮으니까, 부담한 사람만 해줘 버리면 서로 간 형평에 문제가 있어서 그게 돈 있는 사람이 더 혜택 보고, 돈 없는 사람은 혜택을 못 보는 것이어요. 일괄 자부담 10% 부분을 신안군 일반회계예산으로 부담해줘서 지붕 채색, 난방이 우수한 창호 교체, 뒷골목 아스콘 포장 등을 해주었어요.

신안군 출신인 김환기가 우리나라를 대표하는 화가예요. 한국을 대표하는 추상화 작가인데, 그분의 고향이 안좌도다 보니까, 그분의 그림 속에 제일 많이 나타난 것이 블루 색이에요. 그래서 코발트 블루라고 이름 붙였어요. 이를 「김환기 블루」라고 부르며, 읍·면 단위 섬과 그 읍·면 소재지는 전부 코발트 블루로 채색했습니다. 작은 섬들은 각각의 특색에 맞는 스토리를 찾아 색을 입혔어요. 예를 들어, 맨드라미 섬 병풍도는 붉은색, 수선화 섬 선도는 노란색, 반월도·박지도는 보라색으로 꾸몄습니다. 외지에서 온 사람들은 물론, 신안을 고향으로 두고 있는 주민들도 고향에 와서 보면 한 폭의 그림처럼 느껴져서 매우 좋아했습니다.

— 박우량 인터뷰 중

그림 19 도초도 환상의 정원 팽나무십리길(2025년 6월 26일)

남이 하는 것만을 해서는 살아남지 못한다.
신안 섬에 와야만 볼 수 있는 정원을 만들어야

국내 농어촌 관광지를 많이 다녀본 사람이라면, 경관과 콘텐츠가 너무 비슷해서 장소성이나 지역성을 느낄 수 없는 경우가 많다는 것을 알 것이다. 처음 시작해서 몇 해 동안 반짝하다가 다른 지역에 밀려 사람들이 찾지 않는 장소가 되는 경우도 자주 볼 수 있다.

모든 분야의 콘텐츠 소비 속도가 너무 빠르다. 특히 농산어촌의 경관이나 문화·예술 관련 콘텐츠는 한 번 구축하면 수정이 쉽지 않고 시간도 많이 소요되기 때문에, 최초 계획 단계부터 섬세한 기획이 필요하다. 한 번 할 때 잘해야 하고, 무엇보다 주민 수용성을 높이는 것이 중요하다.

박우량 군수가 섬에서 구상한 콘텐츠는 주민 수용성에 집중하고 있다. 통일된 한 가지 색깔과 한 가지 수종을 활용해 주민 수용성을 높이면서, 농사보다는 지역 경관을 지키는 일에 집중하는 방식을 채택했다.

신안군은 90~92%가 농수산업에 종사하는데 바다가 황폐화되면서 고기를 더 잡을 수도 없어요. 투자한 자금 대비 고기를 잡는 어획량이 현저하게 낮아요. 그래서 지금 어업 분야에 돈을 많이 투자한다고 한들 소득을 많이 높일 수가 없어요. 농업 부분도 생산량을 높이려고 하면 농약이나 퇴비를 많이 해야 생산량을 높일 수가 있는데, 과연 그게 가능한 일이냐, 신안군에서 많이 하는 마늘, 양파를 같은 면적에 종전에 비료 20포대를 했다. 그런데 금년에 30포대로 더 많이 하려고 한다고 하더라도 투자 대비 생산량이 증가될까? 논밭이 황폐화될 수밖에 없어요.

섬은 뭘로 해서 살아남을 거냐 생각을 해보았어요. 섬이 갖고 있는 아름다운 환경과 경관에, 자연을 파괴하지 않고 추가적으로 할 수 있는 것은 좀 어렵지만, 손을 많이 가는 방법, 즉 꽃과 나무를 심어서 바다 풍경도 아름답지만 섬에 오면 더 아름답게 만드는 것이 도움이 되겠더라고요. 2018년 사업 초창기 때, 국내 굴지의 조경업체 대표와 전문가들 15분을 만나서 거의 한 1년 가까이 이야기를 했었는데, 모든 분들이 서구식 조경을 이야기하는 거예요. 순천 정원 같은 것을 이야기하는 거예요.

신안군에 섬이 엄청 많은데, 순천 정원 같은 것을 이 섬, 저 섬에 똑같이 만들면 누가 이 섬 저 섬으로 구경 가겠느냐? 한 섬만 가고 다른 섬에는 안 갈 것이고, 두 번째로 그렇게 만들어 놓으면 지금 그 섬에 풀 뽑을 사람도 없는데, 섬에 그렇게 다양한 식생을 관리할 전문가들이 과연 몇 명이나 거기다 투입되어야 유지 관리가 되겠는지, 도저히 답이 안 나오는 거예요.

이제 두고 보시면 알겠지만, 순천시 같은 정원을 또 다른 자치단체에서 만들어서는 절대로 성공할 수 없어요. 순천 정원은 고비용 정원이라고 봐야 돼요.

순천같은 도시지역은 가능해요. 예산도 여유가 있고, 또 거기는 도시 지역이라서 관리인력을 조달하기도 용이하지요. 그리고 주민들이 정원을 이용할 수 있는 장소 제공만 하더라도 그 편익이 나오는데 신안군 섬에서는 그럴 수가 없단 말이지요. 신안군이 결론을 내린 것은 서구식 조경 No, 순천식 조경 No, 그럼 어떻게 할까?, 그래서 우리가 생각했던 것이 모든 섬을 아름답게 가꾸면서 이 섬도 가보고 저 섬도 꼭 가보게 하려면 어떻게 할 거냐? 한 섬에 한 종류의 꽃나무를 심자, 이게 결론을 내린 거예요.

예를 들어서 증도라는 섬에 심었던 것이 태산목인데, 향수 원료로 쓰는 거예요. 오바마 대통령이 가장 좋아하는 나무인데, 목련꽃의 3배 정도 큰 꽃이 피어요. 오바마 대통령이 안산 고등학교에 몇 그루 기증했을 정도로 유명한데, 그 섬에는 태산목 하나만 주로 심었지요.
도초도라는 섬은 수국의 섬으로 정하고, 수국꽃 하나만 140만 그루를 심었어요. 선도라는 섬은 수선화 하나만 심자. 어느 섬은 맨드라미 섬, 빨간 꽃만 심는 섬, 흰 꽃만 심는 섬, 홍매화만 심는 섬, 라일락만 심는 섬, 이렇게 구분했어요.
봄·여름·가을·겨울 사계절, 신안군의 어느 섬에 가더라도 꽃을 볼 수 있도록 하자. 심지어 겨울에도 꽃을 볼 수 있는 섬을 만들자. 단일 수종을 심으니까, 그 섬 사람들에게 일정하게 지속적인 교육을 시키면 그 섬에 사는 분들이 어느 정도 유지 관리가 가능해질 것이라고 생각한 것이 지요.

10가지 나무를 심으면, 관리하는 주민들은 10가지 나무 생태를 잘 알아야 되는데, 한 가지 나무를 심으니까 그 꽃에 대한 이해를 빨리 할 수 있어요. 풀이 나도, 그 풀에 이길 수 있는 나무, 그래서 교목이나 관목 중심의 꽃나무를 심자고 했지요.

처음에는 그 전략에 대해서 전문가들이나 식생학자들이 어떤 생각을 할까? 생태적으로도 조금 거부감이 있지 않을까 여러 가지 두려움을 가지고, 최초로 선도라는 섬에 수선화만 한 300만 개를 심었어요. 임자도라는 섬에는 튤립을 갖다 심었는데 방문객들이 엄청 감동을 받고 가더라고요.

그림 20 　도초도 수국정원(2025년 6월 26일)

도초도 같은 곳은 '수국의 섬'이라고 이름 붙이고, 우리나라에 1년에 유통되는 물량이 22만 그루인데, 지금 현재 140만 그루를 심었어요. 앞으로도 100만 그루 정도를 더 심어서 수국 축제를 1년에 두 번 정도 하려고 해요. 이렇게 했던 것들이 성공하면서 전직 대통령도 작년 6월에 도초도 수국의 섬에 다녀가시면서 멋있다, 훌륭하다고 칭찬하시더라고요. 순천 정원 박람회가 재작년에 열리면서 960만 명이 다녀가 큰 히트를 쳤어요. 다른 도시들도 정원, 정원 하면서 벤치마킹을 하는데, 그 도시의 정체성에 맞아야 합니다. 단순히 모방해서는 절대 성공할 수 없어요. 순천을 따라 해서는 성공할 수 없지요. ― 박우량 인터뷰 중

주민들을 설득해서 함께하면
대기업도 따라할 수 없는 일들 펼칠 수 있어

 서울에서 가장 이동 거리가 먼 섬이 있는 신안군에서 대기업도 따라 할 수 없는 일들을 기획하고 실행하는 것들이 가능한가?. 한국 사회에서 대기업들이 대규모 자본 투자로 따라잡지 못할 일이 있을까?.

> 어떤 정원으로 갈 것이냐? 우리 신안처럼 순천 정원과 다른 정원이 그 섬에 가면, 우리나라에서 유일하게 11월부터 2월까지 눈이 펑펑 내리는데도 꽃을 볼 수 있어요. 그 꽃이 애기동백꽃인데, 제주도에서 20년생 5만 그루를 사와 압해도 1004섬 정원 한 곳에 집단적으로 2만 그루를 심고, 다른 섬에도 3만 그루를 심어서, 눈이 펑펑 내리는 겨울에도 노지에서 유일하게 꽃을 볼 수 있어요.
> 겨울 꽃 축제도 하는데, 연간 3~4만 명이 다녀가요. 이 겨울에 축제가 없다면, 바람 부는 섬에 누가 오겠어요? 축제하니까 3만 명이 다녀가면서 겨울 비수기에 지역 경제를 활성화시키고, 그런 역할을 톡톡히 하더라고요.

현재 제일 어려운 점은, 이 쇠락한 농촌에서 도시의 편리성을 구현한다는 것은 불가능에 가까운 것이어요. 부족한 호텔과 다양한 식당 등 민간 영역의 부분을 어디까지 공공 부문에서 관여를 할 거냐 이지요. 좀 더 좋은 식당 그리고 깨끗한 숙박시설이 필요한데 그런 것까지 행정영역에서 직접 하거나 또 그렇게 하도록 유도한다는 것이 엄청 어려운 일이더라고요. 그래서 지금 우리는 어떻게 생각하냐면 이 섬은 불편한 곳이다, 신안군을 오시는 분들이 불편한 점을 사전에 인식하게 하는 점에 중점을 두고, 그다음에 점차적으로 민간 분야에서 최대한 호텔과 식당 등을 유치해 나가도록 하고 있지요.

도시처럼 돈만 내면 모든 서비스를 누릴 수 있는 시스템을 원하는 분들은, 차라리 우리 섬에 오지 않으셨으면 합니다. 병풍도를 비롯한 다섯 개 섬에 사는 주민은 200명 남짓인데, 해마다 6만 명이 찾아와요. 하지만 섬에는 카페도, 쉼터도, 그늘도 없어요. 다섯 섬에는 성경 속 열두 제자의 이름을 붙인 작은 교회가 1km마다 1개소씩 열두 곳 있는데, 이동하려면 12km를 걸어야 하지요. 그래서 선착장 대합실에는 이런 플래카드도 걸어 놓았습니다.
'이렇게 불편한 섬에 왜 오시려 합니까?'
불편함을 보완하기 위하여 공영버스와 공영여객선 제도를 신안군에서 직접 운영하니까 버스와 여객선을 통합한 1일 티켓, 2일 티켓, 3일 티켓을 만들어 5천 원이면 3일 동안, 3천 원이면 2일 동안, 2천 원이면 하루 동안 마음대로 타고 다닐 수 있도록 할 계획이지요. 찾아오는 사람이 많아지고 있으니까 식당을 하겠다는 사람, 또 숙박시설도 하겠다는 사람이 계속 늘어나고 있어요.

한국을 대표하는 예술가는 서울, 부산, 대구, 광주 등에서 전시를 반드시 하지요. 그 작가들을 이 섬에 모셔와 전시나 설치를 하는 것으로는 한국의 대도시 사람들을 신안군에 방문하게 할 수 없을 것 같더라고요. 세계적으로 유명한 예술가를 모셔야 세계 사람은 물론이고 한국 사람들도 자연스럽게 방문하는 예술의 섬이 되겠더라고요. 지역 주민들이 섬을 방문한 사람들에게 '이 세계적인 작가를 아세요? 제가 여기서 살고 있습니다.' 이렇게 자랑할 수 있게 하는 것이 주민들의 잃어버린 자긍심을 조금이라도 회복하는 출발점이 되고 있어요. 이러한 모든 정책의 출발점에 있어서 중요한 것은 대체 불가능한 자원을 만들어야 한다는 것이지요. 모든 정책을 검토할 때 다른 자치단체가 한 것은 안 해요. 우리는 그런 정책을 따라 해 봤자, 150등이나 200등 밖에 할 수가 없으니까요.

신안군은 바람이 불고 안개가 끼어 배가 다니지 못하는 날이 많고 모든 여건이 열악합니다. 이런 신안군이 다른 자치단체와 똑같은 테마와 정책을 따른다면, 1등은 결코 될 수 없어요.

한국을 대표하는 대기업도 따라할 수 없는 일을 우리는 하자. 대기업이 돈이 있다고 하더라도 이것은 할 수 없는 그런 대체 불가능한 일들만 하자는 것이지요. 온리 원, 오직 신안군만이 할 수 있는 것을 하자. 도초도 수국공원도 전 세계에 하나 뿐인 곳이여요. 미국의 세계 3대 조경 회사의 톱 매니저가 수국의 섬 도초도를 둘러보고 '이런 대규모 수국을 많이 심어놓은 섬은 딱 여기 하나 뿐이다'라고 했어요. 복지적인 정책 같은

그림 21 신안군 도초도 올라퍼 엘리아슨의 대지의 미술관 일출(2024년 11월)

것처럼 돈을 풀어주는 정책은 다른 시·군에서 잘하는 것을 벤치마킹해서 우리도 접목을 시키지만, 문화 예술이라든지 아니면 정원이라든지, 또 우리가 다른 사람의 이목을 끌어야 하는 사업에 있어서는 다른 자치단체나 기업에서 하는 것은 하지 않아요.

그러니까 제일 중요한 것은 모든 정책에서, 이 지역을 떠나지 않고 사는 주민들 가슴속에 어떻게 하면 당당함을 심어주고, 또 어떻게 하면 갖고 있는 열등감을 벗어나게 하느냐는 것입니다. 이게 모든 문화예술 정책의 출발점이지요. 세계적으로 유명한 작가의 작품이 있어서 사람들이 반드시 찾아올 수밖에 없는 지역을 만들겠다고 생각한 것이지요. 그러한 작가를 모셔 오는데 3~4년이라는 긴 설득 과정을 거쳤습니다. 세계적인 톱 클래스 작가이기 때문에, 그들로 하여금 '도시도 아니고, 자연 경관은 아름답지만 인구도 적은 이 섬에 왜 내 작품이 가야 하는가' 하는 당위성을 찾게 만드는 데만 3년이 걸린 거예요.

세계적인 작가, 아시아에도 없는 그 작가의 작품이 우리 지역 주민들이 살고 있는 이곳에 있다고 하는 사실만으로도 지역 주민들의 자신감이 올라가더라고요. 그런데 이런 걸 한 섬에만 해 놓는다고 하면 관광객들이 그 한 섬만 가게 되지 않겠습니까. 그래서 이 섬도 가고 저 섬도 갈 수 있도록, '1섬 1뮤지엄 정책'을 추진하고 있었지요.

― 박우량 인터뷰 중

시장, 군수는 주민들을 위해
도전하고 또 도전해야

농민들은 당연히 파종을 하고 수확을 해서 생계를 유지하는 직업이다. 경관 농업이 우리나라에도 정책적으로는 도입되어 있기는 하지만, 식용 등 몇 가지 전제조건이 있어 확산이 쉽지 않다. 더욱이 한 가지에 집중된 경관 연출을 위한 공동체의 의사결정도 쉬운 일이 아니고, 전통적인 농업 작목을 바꾸는 일은 더욱 쉽지 않다. 농업정책이 어려운 이유다. 섬을 정원으로 가꾸고, 섬에 특화될 수 있는 한 가지 꽃을 정해서 인위적인 경관을 조성하는 일도 도전과 도전의 연속이었다. 그 도전의 목표가 무엇이었을까?

> 섬에 봄이 오면 4월에 수십 종의 수선화가 수백만 그루 만발하게 피어 있는 그런 섬을 볼 수 있다고 생각해 보세요. 주 씨, 양 씨, 박 씨가 주로 사는 집성촌의 섬, 선도라는 섬이 있어요. 음력 4월에 같은 날에 시제를 모시는 거여요. 외지에 나가 살던 사람들도 그날은 다 그 섬을 방문하는 거여요. 2018년 4월에 선거 운동하러 그 섬에 갔는데, 그날 따라 어

느 집에 유독 수선화가 아름답게 피어 있더라고요. 비가 부슬부슬 내리는 날이었는데, 수선화가 그렇게 예쁘게 피어 있더라고요. 그 섬을 떠나면서 내가 군수에 다시 당선되면 이 섬을 수선화 섬으로 만들어야겠다고 생각했지요. 바로 그분이 한복순 할머니인데, 그분을 '수선화의 여인'으로, 그 집을 '수선화 하우스'로 해서 이 섬을 수선화로 특성화하겠다고 다짐했지요. 지금까지 약 4만 평의 땅에 300만 그루의 수선화를 심었어요. 모든 길에 수선화를 심은 거예요. 처음에는 주민들이 수선화를 키워야 하는데 마늘·양파를 한다고 수선화를 안 심겠다고 한 거여요.

군의원들을 설득해서 마늘, 양파 대신에 수선화를 심으면 신안군에서 보상을 해주는 조례를 만들었지요. 그 조례는 매년 마늘, 양파 가격을 시중 가격을 산정해서 플러스 10%를 더 주겠다는 내용이었지요. 주민들이 마늘과 양파를 심어 관리하고, 풀을 뽑고, 농약을 치고, 물을 주는 등 많은 과정을 거쳐 수확해 출하까지 하려면 엄청난 노동력이 필요해요. 하지만 수선화꽃만 심어 관리만 잘해 놓으면, 내년에는 훨씬 적은 노동력으로도 꽃이 피고 보상까지 받을 수 있어 주민들의 호응도가 매우 높아요.

이러한 꽃식재 보상조례만 20가지가 있습니다. 밭에 기존에 심던 농작물 대신 신안군에서 지정한 꽃을 심고 가꾸면 보상을 해주겠다는 내용이지요.

선도라는 섬에 수선화를 심고 축제를 했더니, 1년에 관광객 한 명도 안 오던 섬에 2만 명이 다녀가는 섬이 되었어요. 신안군에는 64개의 작은

그림 22 신안군 선도 수선화 전경

섬이 있는데, 그 섬의 이장님들과 지역 대표들을 모두 이 수선화의 섬 선도에 초청했어요. 이 섬을 봐라. 자식이 여러 명 있는데 공부를 잘하고 부모 말을 잘 들으면, 그 자식한테 더 해주고 싶지 않냐? 신안군에 작은 섬이 64개나 되는데, 다 선도처럼 해줄 수는 없다. 지역 주민들이 스스로 협력해서 나서면 수선화의 섬처럼 해주겠다고 했지요.

첫 번째 시도한 선도라는 작은 섬에서 정말 기적처럼 수선화 섬으로 성공했어요. 그러고 나서 작은 섬들이 계속 성공 신화를 이어가고 있어요. 이 모든 것은 군수가 얼마나 부지런히 그 섬에 가느냐가 성패를 좌우하지요. 선도라는 섬의 경우를 보면, 그 전에는 군수가 2년에 한 번 정도 갔었는데, 사업이 시작된 이후에는 1년에 보통 10번을 가게 되었어요.

축제 때 오는 손님들 때문에도 가고, 축제 전에 준비 때문에 두세 번 가고, 축제 중에도 서너 번, 1년에 한 10번 정도 가게 되지요. 그러면서 관광객들이 불편한 점이 무엇인지 우선적으로 조치를 할 수밖에 없어요. 아스콘 포장이 없었는데, 그 축제장 주변과 마을에도 함께 아스콘 포장을 해주고, 또 지붕들을 노란색으로 색칠해 주었어요. 선착장에 화장실도 설치하고, 선착장도 넓혀주었지요. 축제기간 중 여객선이 운항을 안 했는데, 여객선도 운항하게 해주고, 부잔교도 만들어주고, 카페도 설치하여 지역 주민들이 장사할 수 있도록 만들어주었어요. 지역 주민들의 생각이 바뀌는 거여요.

어떻게 바뀌느냐고요? 종전에는 아무런 희망이 없다 보니까 완전히 침체되고, 뭐라고 그럴까, 절망한 사람들의 섬이었는데, 수선화 축제를 통해 많은 사람들이 방문하니까 주민 모두가 활력이 넘치게 되었어요. 그 전에는 선도라는 섬에 사는 분들은 군에서 하는 축제나 행사에 한 분도 참여하지 않으셨어요.

지금은 얼마나 오냐고요? 섬 전체 인구가 180명인데, 전체 인구의 20%인 30~40명이 다른 섬에서 하는 꽃 축제나 행사에도 참여할 정도로 적극적이에요.

서울이나 부산으로 나가 있던 자식들이 자기 고향이 이렇게 수선화 섬이 됐다고 언론과 영상으로 계속 나오니까 엄청 좋아하고, 퇴직하고 다시 고향에 와서 살겠다고 해요. 고향에 대한 가치를 다시 인식하게 되더라고요.

전라남도에서 추진하는 '가고 싶은 섬' 50억 원 규모의 사업이 있어요.

군에서 50%인 25억 원을 보태 초기 자금(시드머니)를 주는데, 그런 섬을 열 몇 개 개발했지만, 다른 군에서는 하나도 성공하지 못한것 같아요. 신안군만 모두 성공했어요.

그 이유는 뭐냐 하면, 초기 자금(시드머니)만으로는 불가능해요. 그 돈만 주고 성공하기를 바라는 것은 불가능하지요. '가고 싶은 섬' 사업에 중앙 정부의 공모 사업들을 그 섬과 관련된 것들을 다 지원받아서 복합화시키는 거여요. 정원사업이 해수부랑 무슨 관계가 있겠어요? 그 섬을 보러 오려면 선착장이 준비되어야 여객선도 다닐 수 있고요. 해수부, 행안부, 환경부, 산자부, 국토부, 농림부 사업까지 다 모아, 그 섬에서 할 수 있는 것은 5억, 10억, 20억 구별 없이 모아요.

그 섬에 150억 원을 사업초기에 한 번에 준비할 수는 없어요. 일단 사업을 진행하면서 필요한 사업비를 모으고, 또 부족한 예산은 군비를 보태서 완성했지요. 사업이 **지속적으로 정상 궤도에 오를 때까지, 군수가 얼마나 집중하느냐**에 따라 성공 여부가 결정돼요.

의회에서 '그 한 섬에 그렇게 투자하니까 불만이 있다'고 한 거예요. '그걸 나눠서 여러 섬에 조금씩 하지, 그 섬에만 그렇게 투자하면 어쩌자는 거냐' 하는 반발이 있었지요.

그래서 내가 의원들한테 이야기한 것이 선택과 집중이라고 했어요. '다른 섬도 순차적으로 해 나갈 거다. 우선 이 섬을 그렇게 만들어 모범 사례를 만들고, 그다음 확장해야 한다. 분산해서 하면 그 돈이 조금씩 여러 섬에 쓰이므로 효과가 나지 않는다'고 설득해서 넘어갔던 거죠.

주변에서 궁금해해요. '공무원 생활을 오래 했는데, 어떻게 그렇게 변화무쌍하고 혁신적인 생각을 하게 되었느냐'는 의문을 많이 갖고 있는데, 제가 보기에는 열심히 노력한 결과인 것 같아요.
제가 최종 결정권자가 아니었기 때문에 못 했었는데, 군수가 되면서 우리 지역 사회에서 최종 결정권자가 되자 계속해서 도전, 도전, 도전을 할 수 있었지요. — 박우량 인터뷰 중

1섬 1뮤지움, 햇빛·바람연금도
군민 삶의 질을 높이는 과정일 뿐

박우량 군수의 14년에 걸친 군정의 최종 목표가 어디에 있을까?. 몇 가지 키워드와 문장으로 압축한다면 핵심적인 지향은 무엇일까?. 결론은 주민들이 '자신들의 삶의 가치가 변화하고 새로운 가치를 꿈꾸고 있다'는 것을 느꼈다는 점이다.

기후위기의 역설이 서울에서 가장 멀고, 산업과 교통 인프라가 가장 열악한 지역에서 성립한다는 것이 두 번째 증명이 된다. 신안군의 1섬 1뮤지움 정책을 보면서, 지난 정부에서 전국적으로 조성한 문화도시 사업의 결과물들이 자연스럽게 교차되었다.

신안군 같은 데에서 왜 뮤지엄을 하려고 하느냐고요? 서울, 부산, 대구, 인천, 광주 같은 데만 문화예술을 향유할 수 있지, 섬에 있는 사람들이 그런 걸 느낄 수 있을까? 또 성공할 수 있을까? 왜 필요할까? 주변으로부터 많은 의문을 갖고 출발했어요.
그런데 그 지역 사람들에게 소득을 높이는 것도 중요하지만, 그 지역을

떠나지 않고 살면서 자긍심을 갖게 하는 것이 무엇일까 생각해보니까 문화예술이더라고요.

전 세계적으로 조사해보면, 산업은 반드시 피크점이 있더라고요. 한동안 잘 나갔던 여수, 포항, 창원 같은 곳이 다 산업 위기 지역으로 지정되어 가고 있어요. 지난 30~40년 동안 한국 산업을 대표했지만, 중국의 추격, 가격 문제와 시설 노후화에 따른 재투자 부담으로 산업 위기 도시가 된 거죠.

전 세계적으로 지속 가능한 중소 도시가 어떤 도시인가 봤더니, 문화예술이 번성한 도시만 산업의 부침 속에서도 살아남았더라고요.
산업이 번성했던 도시도, 그 산업이 피크점에 오르면 반드시 다시 쇠락하더라고요. 안 되면 변화를 해야 하는데, 그 변화가 쉬운 변화가 아니더라고요.
즉, 일정한 공간에 일정한 장치와 시설이 되어 있는 것을 다시 싹 쓸어버리고 새로운 시설을 만든다는 게 어려운 일이더군요. 스웨덴의 말뫼라는 조선소 중심 도시가 지금은 IT전자산업 중심으로 변화했어요. 쇠락의 길로 들어섰던 도시들이 다시 재생을 거쳐 살아나는 것처럼, 한국의 산업화 도시들도 30~40년을 거쳐 뒤돌아보면 다 쇠락의 길을 걷고 있어요.

영국 런던에서 비행기로 1시간 20분, 승용차로 5시간 반 걸리는 게이츠헤드라는 도시가 있는데, 인구가 8만 정도예요. 원래 탄광 도시였는데, 도시가 쇠락하고 사람들이 다 떠나 황폐한 도시가 되었지요. 그런데 안토니 곰리라는 사람이 '북방의 천사'라고 하는 거대한 조형물을 하나 만들었고, 그것을 시발점으로 문화예술 도시로 나아간 거예요. 1년에 160만 명이 방문하는, 유럽의 중소 도시 중 가장 문화예술을 선도하는 도시로 발돋움했더라고요.

우연치 않게도, 런던에서 게이츠헤드까지와 서울에서 신안까지의 거리가 비슷해요. 안토니 곰리라는 작가가 비금도에 소금을 형상화한 누워 있는 대형 철 조각 작품을 만들어, 내년 하반기에 준공할 예정이에요. 비록 인구가 적은 섬이지만 세계적인 훌륭한 문화예술 섬으로 성장하게 된다면 반드시 살아날 수 있다는 확신이 들었지요.

서울 같은 곳은 행정하기가 편해요. 서울 동대문에 DDP가 있는데, 세계적인 공모를 통해 가장 좋은 작품을 골라 건축하면 되니까요.

신안군에서 사업비 100억, 200억짜리로 세계적인 공모를 한다고 해도 올 사람이 없어요. 세계적인 유명한 작가들에게 계속 부탁했지만, 계속 거절당했지요. 그러나 1년, 2년, 3년 동안 설득해서 그 작가를 유치한 거예요.

광주에서 비엔날레를 20년 가까이 개최했지만, 광주비엔날레에도 응모하지 않은 세계적인 톱 작가들 중에서 우리 신안의 정체성에 맞는 사람을 골라 유치한 거예요. 문화예술이 융성한 신안군이 되면, **제일 중요한 것은 관광객을 위한 문화예술이 아니라 우리 지역 주민들이 자긍심을 가질 수 있는 문화예술이에요.**

그런 문화예술을 위해 섬별로 뮤지엄을 하나씩 만들겠다고 계획을 세웠지요. 20개의 뮤지엄을 만들었고, 앞으로 10개 정도 더 만들 계획이에요. 다양하게 운영하려면 최소한 30개의 뮤지엄은 있어야 해요.

세계적으로 유명한 작가들을 계속 초청해서 20년이나 30년 지나가면 아시아를 대표하는 문화예술의 섬, 더 나아가 세계를 대표하는 문화예술 섬이 돼서 반드시 신안군에 한 번 가봐야겠다는 목표로 사업을 진행하고 있어요. 이 사업을 계획하는 단계에서 서울 화랑가에서도 세계적으로 유명한 작가들이 신안에 오는 것은 불가능한 일이라고 생각했어요. 20년 전에 포스코에서 안토니 곰리(Antony Gormley)에게 많은 돈을 제안하면서 포스코에서 생산한 제품으로 철 조각품을 만들어달라고 했는데, 그 작가분이 No 했다는 소문이 있던 분이에요. 신안에서 그 작가분을 초청해 뮤지엄을 만든다고 하면서 포스코의 제품을 사용하는 조건으로 일정 부분의 기부를 요청했어요. 포스코의 관계자들이 "우리가 돈을 준다고 해도 No 했던 작가가 신안 골짜기에 오겠느냐? 장난하

그림 23 올라퍼 엘리아슨 기자 간담회(2024년 11월 15일)

지 말라"고 무시했었지요. 신안군에서 눈에 불을 켜고 작가를 꼭 모셔야 겠다고 달라들었어요.

신안군 공무원들이 정말 최선을 다하는 것을 보고 많은 작가들이 참여해주셔서 걱정거리가 많이 줄어들었지요. 인구 3만 8천 명, 그것도 접근성이 가장 떨어지는 여기까지 누가 오겠는가? 용산에서 목포 2시간 반, 목포에서 올라프 엘리아슨(Ólafur Eliasson)의 작품이 있는 그 섬까지 가는 데 2시간 반, 총 다섯 시간이 소요됩니다. 얼마나 충성스러운 고객이 되어야 오겠느냐? 그런데 현재 지금 추세로 보니까 금년에는 30만 명을 찍을 것 같아요. **신안군의 목표가 관광객이 많이 오는 것을 목표로 했으면 실패했을 거여요.** 신안군의 목표는 **지역에 살고 있는 사람들이 자긍심을 갖게 하고, 지역 사람들이 지역에 사는 것에 대해서 자랑스럽게 생각할 수 있게 하는 것이에요.** 일단, 이 정책에 포커스를 맞췄기 때문에 실패는 없었지요. 그 다음 관광객이 오는 것은 부수적인 상황인 거죠.

주민들이 올라프 엘리아슨을 어떻게 알겠어요? 그래서 도초도라는 섬의 모든 노인정, 학교에 작가의 사진, 이름, 경력을 다 붙였어요. 그 미술관이 준공되고 나서는 각 노인정에 퀴즈 게임을 했어요. 주민들을 다 모아 가지고 작가의 이름이나 작품의 이름을 맞히면 작은 선물도 주고하여, 주민들이 함께 할 수 있도록 하였지요. 비금도라는 섬에 내년에 준공하는 안토니 곰리의 작가와 작품에 대하여도 주민들에게 그렇게 하려고 그래요. 할머니들 중에는 손목에다 볼펜으로 올라프 엘리아슨이라고 쓰고 계속 외우는 할머니도 있어요. 이 이야기를 안토니 곰리한테 했어요. 우리는 당신 작품에 대해서 지역 경제를 활성화시키는 게 목표가

그림 24 도초도 대지의 미술관 준공식(2024년 11월 13일)

아니고 그 지역 주민들이 이런 열등감을 해소하는 게 제일 목표다. 그랬더니 그분이 눈물이 글썽하더라고요. 안토니 곰리 선생께서 "그런 철학이 있냐? 그런 생각이 있었던 거냐?" 그런 말을 듣고 그분이 감동을 하더라고요. 우리는 그래서 이 사업은 성공할 수밖에 없어요.

우리 자은도에 박은선 조각 미술관이 들어와요. 그런데 박은선 작가는 한국이 낳은 최고의 조각가예요. 이탈리아에 가서 30년을 거기서 살았어요. 한국에서 대학을 졸업하고, 이탈리아에서 30년 동안 유명한 작가로 일어선 거예요. 이탈리아 피에트로 산타라는 도시에 사는데 그 도시가 대리석 주산지예요. 목포 MBC에서 그 작가를 초청을 해서 목포에 온다고 하더라고요. 우리가 초청한 게 아니기 때문에 어렵게 어렵게 해서 만났어요. 만약 부모님이 거주하는 목포시나 작가가 태어난 해남군에서 미술관 제안이 없으면 신안에서 하자고 제안하고 헤어졌어요. 목포시나 해남군에서 아무런 제안이 없다는 거여요. 그럼 신안군과 작가의 뮤지엄을 만드는 일을 해보자고 확정하고 바로 다음 날부터 이 섬, 저 섬으로 안내하고 자은도라는 섬으로 위치를 결정하였지요. 그 미술관이 되기까지 정말로 넘어야 할 산이 많더라고요.

그 미술관에 전시할 미술품을 신안군이 확보를 해야 되는데, 그게 간단한 문제가 아니더라고요. 작가를 대리해 주는 에이전시가 있어요. 에이전시가 전시회에 대한 모든 것을 책임지는 대신 비용이 엄청 상승하는 거예요. 그 작가의 작품을 사려고 하면, 의회로부터 반드시 협조를 받아야 합니다. 이 모든 것이 의회와 공무원들이 한마음으로 최선을 다하다 보니 필연적으로 가능해지더라고요.

박은선 작가와 미술관 건립을 이야기하기 5년 전에 작가가 부산시에서 주관하여 전시회를 했어요. 전시회가 끝나고 그 당시 부산시장께서 내년 시장 선거에 당선되면 부산시에 조각미술관이나 조각공원을 만드는데 같이 하자고 그렇게 약속을 했대요. 그런데 시장이 다음 선거에 떨어졌어요. 그래서 그 제안은 없어져 버린 거여요.
박은선 작가에게 신안군에 조각미술관을 만들자고 강렬히 매달렸어요. 신안군에서 갑자기 큰 예산이 다 만들어지겠어요? 일단 일을 추진하기 위하여 협약을 체결하고 사업을 진행하면서 그 작가의 미술품을 인수하고 설계를 맡기고 그렇게 진행한 거지요. 그런데 설계를 맡은 마리아

보타 선생이 누군지 저는 몰랐어요. 박은선 작가가 세계적인 건축가 마리아 보타 선생하고 나이가 30살 차이인데 엄청 친했더라고요. 알고 봤더니 마리아 보타 선생이 그 박은선 조각가한테 저를 만나기 1~2년 전에 박은선 작가에게 "고향에다가 미술관을 지으면 내가 도와줄게" 이렇게 약속을 했대요. 그리고 나서 1년 후에 저를 만난 거예요. 근데 자기가 그때 이렇게 답변했대요. "서울에 미술관을 짓고 싶습니다". 그 말을 하니까 마리아 보타 선생이 서울은 언제든지 할 수 있다. 그러나 "너의 정체성을 위해서 너의 고향에다 미술관을 하나 지어라" 이런 제안을 했대요. 그런데 제가 제안을 하니까 자기도 깜짝 놀라면서 쉽게 OK를 한 거예요.

박은선 조각미술관은 설계를 마치고 현재 건축 공정이 50% 정도예요. 내년 하반기쯤 준공하면, 아마 우리나라 최고의 조각미술관이 될 거예요. 설계자는 세계적인 마리오 보타로, 강남의 교보생명 빌딩과 서울의 리움미술관 세 동 중 한 동을 설계했던 건축가예요. 그런 인연을 통해 그 건축가가 '자치단체가 뭔 돈이 있냐'면서 많은 도움을 주셨지요.

최소한 4년에 한 명씩은 세계적인 작가를 초청해서 미술관을 만들어야겠다, 생각하고 있어요. 국내 작가들의 문의가 계속 이어지고 있어요. 작가 전용 미술관을 만들어 달라는 요청은 우리는 No이지만, 그러나 자기의 미술품을 보관하고 전시할 수 있는 공간을 마련해 달라는 요청은 OK이지요. 전시 공간은 복합 공간으로 가야 다른 작가도 들어올 수 있기 때문에 작가 개인만의 전용 미술관은 어렵겠더라고요.

— 박우량 인터뷰 중

한겨울에도 꽃을 피우는
애기동백꽃 같은 절실함을 가져야 한다

　대다수 섬 지역의 개발 사업은 수산 산업이나 관광 산업이 주를 이룬다. 지역 특화를 고민하게 되고, 하루 자고 나면 바뀌는 산업 구조와 관광 트렌드로 지방 정부들도 이제 무한 경쟁 시대에 돌입하고 있다. 지역 특화의 방식도 중앙 정부에서 원칙과 기준을 정해 놓고, 그 기준을 통과하는 지역만 예산을 지원하는 경쟁식 공모 방식이 많으니, 전국적으로 비슷비슷한 콘텐츠들이 주류를 이루기 십상이다. 몇 년 지나면 그 원칙과 기준이 다시 바뀌면서 지역은 전부 그 흐름에 따라가는 구조가 된다. 여기에 담당 공무원까지 몇 차례 바뀌면서 최초 정책의 목표가 무엇이었는지도 흐지부지되는 경우가 많다.

　박우량 군수는 일관되게 어떤 트렌드를 만들어내려고 했고, 신안 섬에 맞는 트렌드와 변하지 않을 가치에 대해 고민하며 실천하고 있었다.

제가 2006년부터 2014년도까지 군수를 두 번 하고 4년을 쉬었어요. 많은 사람들이 안타까워했어요. 공천까지 다 받고 당선 확률이 120%였는데 그만뒀어요. 그때 그 쉬는 4년이, 그동안 걸어왔던 8년에 대해 뒤돌아보는 시간이었어요. 만약 다시 군수로 돌아가는 기회가 생긴다면, 어떻게 방향을 설정하고 어떻게 가야 하겠는가라고 생각하는 시간이기도 했지요.

개체굴이 있는데, 일반 굴보다 가격이 10배 정도 더 비싸요. 해수부에서 개체굴 사업을 오래 했는데 성공 못했어요. 그런데 신안군에서 개체굴 사업을 어느 정도 성공시켰어요. 신안군이 우리나라에서 가장 갯벌이 많은데 해양수산 사업 중에 유일하게 경쟁력이 있는 것이 김과 개체굴이라고 생각했어요. 다른 양식업은 다 사료를 사서 먹여야 하지요. 전복, 우럭, 광어들을 양식하는데 사료나 미역 다시마를 갖다 먹여야 되니까 경쟁력이 현저히 낮아지는 거지요. 이 양식 사업이 사료 구입비 40% 이상을 차지하니까 엄청 힘들고 자금이 많이 들어가지요. 바다 양식사업 중에서 사료를 안 먹이는 것이 딱 두 가지예요. 김과 개체굴이지요. 김은 지금 10억 달러나 수출하고 있고요. 개체굴은 정부에서 계속 추진했는데 실패한 상황이었지요. 2018년에 세 번째 신안군수로 취임하면서, 신안군에 개체굴 자체 연구소를 만들었어요. 이제 어느 정도 성공했어요. 해수부 지원도 받고 있어요. 선진국에서는 이미 개체굴이 오래전부터 미식 분야에 자리 잡고 있어서, 우리나라에서도 점차 개체굴 사업이 확대되어, 이 갯벌을 이용해 먹고 사는 것이 가능해진다라고 보고 있어요.

그래서 갯벌이 소중한 거예요. 신안군이 갯벌을 유네스코 세계유산에 등재한 이야기는 너무 기니까 생략할게요. 현장을 자주 가보니까, 갯벌을 가장 빨리 죽이는 것이 생활 오수와 비닐, 농약병 같은 것들이더군요. 이 문제를 해결하기 위해서 신안군 자체적으로 폐비닐과 폐농약병

그림 25 신안군 자은 백산 개체굴 시범양식장 현장(2020년 9월 22일)

그림 26 세계 '리브컴 어워즈' 금상 수상식(2023년 11월 3일, 이집트 카이로)

을 정부에서 구입하는 가격보다 4~5배 높게 군에서 지원해주고 있어요. 섬 지역이라 정부의 마을 오수처리 시설 지원이 충분하지 못해요. 그래서 여건이 되는 마을부터 마을 앞의 논을 사들여 돌과 식물 등을 식재하여 자연 정화 시설을 만들어 오염을 저감시켜 갯벌로 내보내고 있지요.

일본에 나오시마라는 섬이 있어요. 예술의 섬으로 유명한 섬인데 내가 그 섬을 안 간다니까요. 왜 안 가냐 하면 신안군에 맞는 그런 모델을 생각할 수 없을 것 같더라고요. 일본 모델 중심으로 갈 가능성이 크다는 생각이 들어서 책으로 소개한 것을 사서 읽었지요.

어느 것이나 성공하려면 대체 불가능한 것이 되어야 해요. 그것이 생존의 제일의 원칙이에요. 그것이 개인도 그렇지만 자치단체도 어떻게 생존할 것이냐? 학자나 전문가가 와서 우리 지역을 살릴 수 없어요. 그 지역의 주도적인 사람들이 고민하고 또 고민해서, 어떤 방향을 설정하고, 그다음에 그 방향을 검증하고 업그레이드시키는 데 전문가나 학자들의 도움을 받을 수는 있지만, 그 전문가나 학자들은 그 지역에 살 사람도 아니고, 살아본 적도 없는 사람인데, 어떻게 그 지역 실정에 맞는 것을 만들어 내겠어요? 그 전문가나 학자들이 제시한 건 다 다른 지역에서 하고 있는 것을 모방하여 제시한 것이기 때문에, 그대로 하면 실패할 수밖에 없어요.

중앙 정부한테 제가 줄기차게 요구하고 있는 것이 '돈만 주려고 생각하지 말고, 자율성을 주라'예요

신안군처럼 열악하고 제일 나쁜 여건임에도 불구하고, 새로운 스토리를 만들 수 있었던 이유는 출발점에 서 있는 중요한 원칙이 있었기 때문이에요.

그 원칙은 '**대체 불가능한 정책을 하자, 오직 우리만이 할 수 있는 것을 하자, 다른 지역에서 따라올 수 없는 것을 하자, 우리나라의 대기업들도 돈이 있다고 해도 할 수 없는 일을 하자**'였습니다. 그것이 우리의 원칙이 되어 모든 정책의 출발점에서 검토되다 보니, 어느 것 하나도 모든 사람에게 감동을 주고, 충격을 주고, 의외성을 주고 있는 거지요.

한국에서는 겨울에 피는 꽃이 거의 없어요. 전 세계적으로 겨울에 피는 꽃을 찾고 또 찾았는데, 그 꽃이 바로 애기동백꽃이더라고요. 애기동백꽃은 제주도 이외의 지역에서는 성공 가능성이 낮은 나무예요. 그런데 기후가 계속 올라가니까 여수, 목포 같은 바닷가에서는 애기동백이

자라지만, 함평까지 올라가면 추위에 견딜 수가 없어요. 동백나무는 견디는데, 애기동백은 못 견뎌요.

동백꽃은 3월 15일부터 5월 말까지 피기 때문에 춘백이지요. 애기동백꽃만이 11월부터 2월 말까지, 눈이 펑펑 내리는 날에도 꽃을 피워요. 제가 이 애기동백꽃을 제일 좋아하죠. 왜냐하면 추운 겨울 속에서도 자연을 이겨내고 꽃을 피우니까 특이하거든요.

신안군 압해도의 분재 정원에서 애기동백꽃 축제를 하는데, 보통 영하 3~4도는 기본이에요. 겨울철에 돈 10만 원을 주고 거기 가서 1시간 돌아다니라면, 아무도 올 사람이 없어요. 돈 안 받고 말지 하겠지요.

방문객이 입장료 1만 원을 내고 거기 가서 1~2시간 꽃을 구경하는데, 추위를 못 느끼고 꽃구경을 하고 간다니까요. 우리나라에서 유일하게 겨울에 야외에서 하는 꽃 축제는 이거 하나뿐이에요. 제주도에 있는 애기동백은 신안군에서 다 샀다고 해도 과언이 아니에요. 겨울에 바닷가는 바람이 많이 불어 더 추위를 느껴요. 그러나 꽃을 보고 나면 체감 온도가 2~3도 올라가서 추위를 덜 느끼고, 찬바람 부는 바닷가의 삭막함도 덜 느껴요. 그래서 저 꽃을 신안군에서 섬마다 많이 심으려고 해요. 제가 보기에는 애기동백꽃 나무처럼 남는 장사가 없어요. 금년 꽃보다 내년 꽃은 더 좋고, 내년보다 내후년 꽃은 더 좋아요.

애기동백나무 20년생을 11년 전에 9만 원 주고 사왔어요. 20년생을 9만 원 주고 사왔으니, 지금이면 30년 됐을 거 아니에요. 30년 나무가 지금 얼마 정도 하냐고요? 자치단체에서 조달 가격으로 구입하는 건 약 180만 원 정도예요.

2만 주가 심어져 있는데, 매년 그 꽃은 피고 지는 거예요. 겨울마다 약 3만 명 정도가 계속 찾아오고 있어요. 대기업이나 다른 자치단체가 신안군보다 잘 하려면 최소한 얼마가 필요하냐고요? 40년이나 50년생 나무를 사야 하거든요. 그러면 최소 300만 원 정도가 필요할 거예요. 신안군에 집단적으로 2만 주가 있으니까, 최소 3만 주, 4만 주, 5만 주를 심어야 하지요. 그러면 한 그루에 300만 원으로 계산해도 3만 주만 해도 900억이에요. 그리고 최소 토지가 10만 평 정도가 필요해요. 주차장 부대시설까지 다 하면, 한국에 어느 대기업이나 자치단체가 정원 하나 만들면서 애기동백 하나만 가지고 토지가격을 별도로 하고 900억 원을 투자할 수 있을까? 없습니다. 우리만 할 수 있는 것이 뭘까, 그걸 계속 찾아가고 계속 도전하는 것이지요, 애기동백이 추운 겨울에 꽃을 피우는 것처럼요. — 박우량 인터뷰 중

그림 27 신안군 압해도 눈오는 날 분재공원 애기동백(2022년 12월)

제언

햇빛·바람연금을 준비하는 지역에서 꼭 해야 할 일

햇빛·바람연금 정책의 발전방향

햇빛연금을 준비하는 지역에서 꼭 해야 할 일

박우량 군수가 신안군에서 14년 동안 추진했던 여러 정책들의 발자취와 경로, 고민과 노력을 되짚어가다 몇 가지 결론에 도달하게 되었다. 이 결론들은 향후 햇빛·바람연금을 추진하려 준비 중인 지역뿐만이 아니라, 기후위기와 지역 인구 감소, 저활력화를 고민하는 지역에서 큰 도움과 영감을 줄 것이다.

1 지역 재생의 철학과 목표를 확고히 세워야 한다

재생에너지 정책이 단순히 에너지 확대·생산 정책으로 간다면, 사업은 간단해진다. 적절한 부지만 확보하고 사업자만 선정하면 끝나는 사업이다.

하지만 주민들의 삶의 질과 기본소득까지 연계되는 정책 설계로 간다면, 반드시 지역 재생의 철학과 목표에 대한 기본적 구상이 전제되어야 하며, 여러 정책이나 사업으로 구체화되어야 한다. 햇빛·바람연금 같은 정책이 대도시권에서 구상하기 어려운 이유는 참여와 배분의 어려움, 부지 확보 문제 때문이기도 하지만, 지역 재생의 개념을 행정이나 지역 리더들이 제대로 인식하지 못하고 있기 때문이다.

특히 농어촌지역에서 해당 지역 여건에 맞는 제대로 된 지역 재생 정책들도 갖추지 못한 상태에서 햇빛연금 정책을 준비없이 추진하게 된다면 바로 실패에 직면하게 될 것이다. 박우량 군수도 정책의 모방이 실패하는 측면을 여러 차례 강조하고 있다. 지역에서 목표도 정립하지 못한 상태에서 중앙정부의 선진 정책을 그대로 모방하면서 예산만 지원하는 방식으로 실패한 사례가 부지기수임을 잊지 말아야 한다.

정책의 개념화를 정책 기획자나 연구자, 담당 공무원들이 명확하게 꿰뚫고 있어야 한다. 우리가 혼용해서 사용하고 있는 개념을 명확하게 정립할 필요가 있다. 재생에너지 정책이 어떤 구조 속에서, 어떤 위치에 있는가를 통찰하는 것이다. 가장 밑바탕은 지속가능발전이라는 지향이며, 인류와 지역 공동체의 지속가능성이 전제되어야 한다. 이를 위협하는 가장 중대한 현상, 대응해야 할 과제가 기후위기라는 현실 인식이다. 기후위기를 해결하기 위한 핵심 전략으로 탄소중립과 사회 불평등 해소, 두 가지 전략이 있다. 이 두 전략을 달성할 핵심 사업이 재생에너지 확대 사업이며, 이로 인해 파급·확장되는 사업이 우리가 햇빛·바람연금이라는 명칭으로 부르는 기본소득 사업이다.

사업에 구체적으로 활용되는 세부사업이 태양광과 풍력을 활용한 발전사업이다. 이 모든 시도가 기업의 주도하에서만 진행된다면, ESG 영역이다.

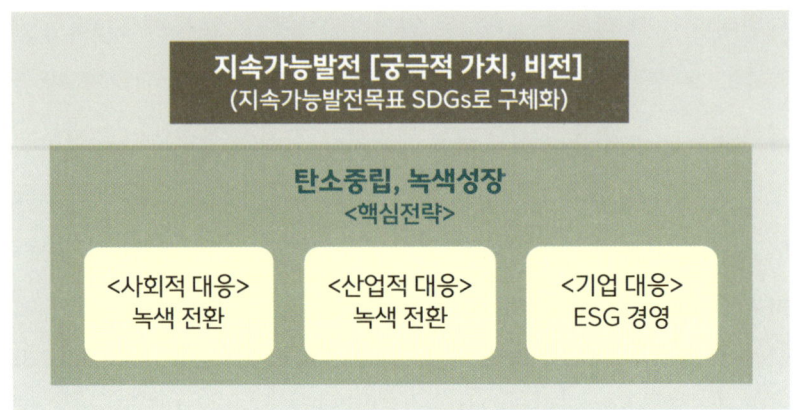

　요즘 쏟아져 나오는 여러 정책의 이름들은 기본적 개념과 전개를 이해하지 못하고 혼용해서 사용하는 사례가 많다. 그 이유는 정책의 기초가 되는 철학과 목표가 부재하기 때문이다.

　이 과정을 살펴보면, 우리 지역은 탄소중립 전략이 아직 부족하며, ESG 영역이 아님에도 잘못 사용하고 있었고, 재생에너지 확대 사업의 경험도 부족한 상태에서 바로 햇빛연금 정책으로 추진되고 있었다는 것, 그리고 목표와 수단을 혼용해서 사용하고 있었다는 것을 알 수 있다. 이런 내용들이 초기 정책 구상에서 많은 부분을 차지할 필요는 없지만, 핵심적인 지향이 없는 정책들은 결국 작은 지적이나 변수에도 혼선을 일으키거나, 다른 방향으로 전개되거나, 좌초될 가능성이 높다.

　햇빛·바람연금 정책의 철학이나 목표 수립 과정에서 중요하게 다루어야 할 분야를 신안군의 여러 사례를 비추어 핵심적 키워드 중심으로 추출하면, 주민 자치, 지역 재생, 사회적경제, 마을 공동체, 에너지 자립, 민·관 협력, 갈등 조정 등으로 정리할 수 있다.

지역 사회에서 이런 분야들에 대한 이해도와 호응도가 높은지, 관련 협의체나 중간지원체계가 작동하고 있는지 등을 살펴봐야 한다. 사례와 내용이 부족하다면, 정책 초기 준비 과정에서 시장, 군수와 공무원, 지역 리더들이 함께 교육과 사례 학습을 충분히 실시할 필요가 있다.

주민들로부터 지지받을 수 있는 삶의 질 정책을 같이 기획하고 추진하라

지역의 모든 정책이 결국은 주민 삶의 질 정책이므로, 달리 특별하게 할 건 없다고 항변할 수도 있다. 지역을 대표하는 주민 삶의 질 정책을 하나만 내세운다면? 라는 물음에 지역의 ○○산업 활성화, ○○특화 단지 조성, ○○분야 집중 육성이 핵심적 삶의 질 정책이라고 답하는 지역도 많을 것이다. 구체적으로 주민들의 주거, 육아, 의료, 교육, 교통과 관련되어 그 편의와 혜택이 대다수 주민이 공유할 수 있는 사업들이 많으면 삶의 질 정책으로 보면 된다.

이런 정책 추진의 경험이 없는 곳에서는 대부분 햇빛·바람연금의 기획이나 추진이 고려되지 않을 확률이 높다. 하지만 만약 주민 요구나 필요성이 높다면, 반드시 주민 삶의 질과 관련된 정책 여러 가지를 동반하여 함께 추진하는 것이 도움이 된다.

신안군도 관련 조례를 18번이나 고쳤듯이, 조례화나 명문화 과정에서 여러 혼선이 있었지만, 핵심은 바로 주민 삶의 질을 중심에 놓는다는 대원칙을 바로잡는 과정에서 발생하는 일이다. 결국 이 대원칙을 정립하는 과정이라면, 여러 정책을 동반하여 추진하는 것이 효율적이며, 의회나 주민에게도 설득력을 가질 수 있다.

기본소득의 의미는 단순히 금액적인 부분을 넘어 교육, 복지, 교통, 의료, 주거까지 포함하는 개념이며, 최종적으로는 주민 삶의 질을 포괄하는 개념으로 해석해야 한다. 신안군 햇빛연금 정책의 효용성과 주민 참여 수준은 이미 구체적으로 확인할 수 있다. 여러 난관이 있었지만 주민들의 정책 이해와 지지도가 높다는 것이다. 이런 실증들이 확산되는 시점에서는 유사한 사업의 동시 다발적인 기획과 추진이 가능하다.

3 주민 기본소득에 최종 목표를 맞추고 구체적인 금액을 제시하라

사업에 참여하는 주민들에게 구체적인 금액을 제시하기 위해서는, 햇빛·바람연금에 관여된 모든 영역에서의 재원, 사업비, 이자, 대출, 보증, 이행 강제사항에 필요한 금액 등이 자세히 산출되어야 한다. 햇빛·바람연금을 추진하려는 시장과 군수는 이 통계를 거의 달달 외우다시피 해야 일이 진행될 수 있다.

실제 박우량 군수도 인터뷰 과정에서 거의 모든 영역에서 햇빛·바람연금사업과 관련된 각종 수치를 7년 전 자료까지 정확히 기억하고 제시하는 모습을 보여주었다. 특히 분배 과정에서도 지급 조건에 따라 금액을 정확히 하기 위해서는, 이 모델의 계산이 정확해야 한다. 숙련된 공무원들의 지속적인 학습과 훈련, 적극적인 참여도 반드시 필요하다.

대부분의 현장에서 이런 질문들을 바로 예상할 수 있다. "외주나

위탁으로 처리할 수 있지 않나요?", "중간지원조직을 중심으로 추진하면 될 것 같은데",라는 제안도 많이 나올 것이다. 신안군 햇빛연금 추진 과정에서, 지역의 신뢰를 상징하는 "군수가 보증한다, 군수가 요청한다, 군수가 조례로 책임진다"라는 원칙 아래 여러 사안들이 해결된 것을 확인할 수 있다. 이런 사안들은 외주나 민간위탁으로 해결할 수 있는 일이 아니다.

2026년 지방선거를 앞두고 무늬만 햇빛연금이 나올 수 있다는 걱정이 많다. 선심성으로 기획될 가능성이 매우 높은 정책이다. 이제는 주민들도 이런 부분을 쉽게 구분할 수 있다.

가장 간단하게 배분 이익이 정확히 어디에서 나오는지를 살펴보면 된다.

정부 보조나 시·군비의 투입을 통해 확보되는지, 발전사업자의 이익에서 주민들에게 공유되는지, 햇빛연금의 기본 원리는 재생에너지 개발 이익을 공공자원의 주민 공유, 추진 과정에 주민 참여, 민주적이고 합리적인 배분이라는 기준과 원칙에 따라 주민들과 공유하는 것에 있다. 이 과정을 거치지 않으면 구체적인 금액을 제시하기 어려울 것이다. 현재 신안군 햇빛연금 정책을 많은 지방정부에서 벤치마킹하고 있지만 신안군 현장까지 살펴보고 지역에 돌아가서 고개를 절레절레 흔드는 이유는 기본소득 규모의 기획과 분배 과정을 정밀하게 예측할 자신이 없기 때문이다. 분배의 규모와 방식에만 집중하는 주민 정서와 갈등 발생을 최소화하고 원만히 조정하기 위해서는 햇빛연금의 방법과 금액은 십 원 단위까지 구체적이어야 한다는 것이다.

햇빛연금이 정착되기 전까지 모든 정보는 직접 공개하고, 설득도 직접하라

정부에서 신안군 햇빛연금과 같은 정책을 구체화하여 지침화하거나 사례로 권장하기까지는 많은 시간이 필요한 사업이며, 잘못된 정보나 허위 사실로 주민 갈등이 발생할 가능성이 매우 높은 분야이다. 신안군의 사례를 좀 더 발전시킨다면, 사업 관련 정보를 정기적으로 공유하는 시스템을 유지하고, 정기적인 숙의·공론의 장을 운영하여 주민들의 역량도 강화시키면서, 주민 참여를 통한 방향으로 사업을 진전시키는 것이 바람직하다.

이런 숙의·공론의 장을 통해 에너지나 건축 관련 법령, 행정의 산출 방식을 함께 학습하는 과정이 유의미하다. 모든 주민들이 이런 주제에 익숙하지 않더라도, 지역 리더들은 핵심 개념과 절차를 반드시 숙지해야 하며, 이를 주도할 시장과 군수, 공무원들은 에너지·건축 관련 법령과 조례를 달달 외울 정도로 마스터해야 한다. 특히 사업과 관련된 참여 주민이나 이해관계자를 설득할 때에는 시장과 군수가 직접 나서는 것이 가장 바람직하다. 시장과 군수가 정기적인 언론 브리핑이나 동향 공유, 관련 정보에 대한 의견을 공개하거나, 정기적인 주민 공청회 등을 개최하는 규칙이 사업 추진 전에 마련되어야 한다.

공공재의 주민 공유와 이를 활용한 기본소득에 대한 정부의 정책적 수용이 아직은 부족한 상황이다. 기본적으로 뿌리가 튼튼하지 못한 가지와 열매인 것이다. 이 뿌리 역할이 중요한데 뿌리의 얽힘과 규모가 약하니 "결국은 시장을 설득해야 한다, 군수의 의지를 확인해야 한다, 구청장 입에서 얘기가 해야 한다"라고 결론을 낼 수밖에 없다. 이런 방식이 가장 빠른 길이라는 오류에 우리는 너무 오래 안주하고 있다. 시장·군수에 의지하는 것이 아니라 정보의 통제와 공유, 이해 관계자의 설득의 가장 중심적 자리에 앉는 것이 시장·군수의 위치라는 주문이다.

모든 구성원이 함께 햇빛연금 선진지를 반드시 견학하여 정책의 진정성을 느낄 수 있어야 한다

시간이 지날수록 의회의 역할과 지원이 지방정부 정책 성공의 핵심 요인으로 작용하고 있다. 여러 가지 성격이 다른 조례들을 제정해야 하고, 예산의 융복합이나 지역 배분, 우선 지역 선정의 과정에서 의원들의 이해와 협조가 없다면, 최초 조례 제정의 첫 관문에서 브레이크가 걸릴 수 있다. 가급적 이해 당사자가 함께 선진지를 견학하여 같은 정보를 공유하는 것이 바람직하다. 대부분의 선진지 견학이 단체장과 의회 따로, 주민과 공무원 따로 가는 경우들이 많은데, 이 과정에서 같은 사안을 들어도 그 이해관계에 따라 해석이 다를 수도 있으므로, 준비 과정을 함께 하는 것이 바람직하다. 숙의·공론의 장이나 교육의 장에도 의원들이 주도하여 지역 리더들과 함께 참여하는 것을 권장하며, 참여도가 높은 지역에 우선권을 주는 방안도 효율적이다.

박우량 군수는 4선 군수의 경험을 바탕으로 쟁점이 있는 모든 신안군의 현장 방문과 정책 논의는 반드시 군의원들과 함께 하고, 중요한 사례는 해외 연수도 모든 군의원들과 다녀온다고 한다. 한국의 행정조직에서 흔치 않은 사례이다. 정책의 규모와 속도를 높이기 위해서는 의회의 협력이 절대적으로 필요하다. 햇빛연금정책은 기획과 승인 단계에서부터 선심성 정책으로 분류되기 쉽고, 재원 조달의 불확실성이 지적될 가능성이 크기 때문에 정책 추진의 의지나 진정성이 반드시 의회에서 인정받아야 된다.

공무원의 전문성을 확보하기 위해 장기 근속 후 승진 등의 인센티브를 제시해야 한다

햇빛연금 정책은 이익의 규모와 분배에만 집중하는 주민 성향이 나타날 가능성이 크고, 단계마다 책임 소재의 규정 사항이 많기 때문에 공무원들의 기피 업무가 될 것이다. 박우량 군수도 사업을 추진할 역량 있는 공무원을 배치하고, 장기 근속 후 승진을 시키는 것이 공직 내부에서는 가장 중요하다고 강조하고 있다. 햇빛연금을 담당하는 공무원의 가장 중요한 전문성은 주민 갈등을 조정하고, 주민들을 협의와 대화의 장으로 끌어낼 수 있는 능력이다. 중앙정부와의 조정, 법령 해석과 제정, 기술적 계산과 건설 관련 업무 능력은 다음으로 강조될 수 있다.

사업의 기획, 추진, 감독, 정산을 다 떠안아야 하고 감사, 책임, 불명예까지 감당해야 하는 것이 지방공무원의 현실이다. 햇빛연금의 기획과 완성에는 발전소의 준공과 운영기간까지 시간이 소요되기 때문에 최소 5년 정도의 시간적 고려가 필요하다. 신안군의 인사 운영 사례를 보면 2018년 햇빛연금 담당자(7급)가 햇빛연금 팀장(6급)으로, 햇빛연금 과장(5급)으로, 햇빛연금 국장(4급)으로 7년 이상을 장기 근속을 하며 인사상 인센티브를 주고 있음을 볼 수 있다. 지역사회에서 이런 업무를 담당하는 공무원의 사기 진작과 안정적인 근무 여건이 없다면 가장 첫 단추를 잘 못 끼우는 실수를 하는 것이다.

주민들에게 배분되는 이익 중 일부가 지역사회로 환원되는 시스템을 만들어라

햇빛연금은 기업 이익 침해와 포퓰리즘 논란에 빠지기 쉽다. 이를 위해서는 개발 이익을 공유받는 주민들이 자발적으로 지역사회에 기여할 수 있는 보완책이 필요하다. 신안군에서는 햇빛아동수당과 햇빛아동적금이 좋은 사례지만, 좀 더 발전적인 구상이 충분히 가능하다.

더불어 조합비에 참여할 비용이나 기회가 없는 그룹의 수혜방안도 강구되어야 하며, 개발 이익이기 때문에 그 개발이 미래 세대나 지역의 어느 그룹에 영향을 주는지에 대한 분석도 매우 중요하다. 앞서 강조한 주민 삶의 질 문제를 살펴보는 과정에서 지역사회에서 가장 소외된 그룹을 찾아내는 과정을 거치다 보면 주민들과 자연스럽게 그 방안을 마련할 수 있을 것이다.

1993~2002년 덴마크 기후·건축·에너지부에서 덴마크 에너지청이 주관하여 올보르대학교 DTU 연구진이 250개 지방정부 데이터를 분석한 연구에서, 덴마크 풍력발전으로부터 발생한 주민 1인당 추가 수익 1유로당, 개인 소득은 0.84유로 증가, 사회복지 수당에 대한 의존도는 3년 후 0.31유로 감소, 지방재정 지출은 0.38유로 증가, 이중 의료비는 0.26유로, 관리비 0.06유로, 사회기반시설용 지출은 0.13유로 증가하고 있다고 분석했다. 이는 덴마크의 풍력사업이 주민 개인의 경제력을 강화할 뿐 아니라, 사회복지 부담을 줄이고 지방공공 재정 확충에도 기여함을 보여주는 강력한 실증 데이터이다.

햇빛과 바람을 활용하여 조성된 개발 이익이 주민과 공유되고 다시 장학금, 지역상품권 같은 형태로 지역 사회에 순환되는 것은 초기 단계이며, 소외계층 지원, 지역 복지, 주민 역량 강화, 문화·예술 향유 확대로 이어지는 것이 다음 단계이며, 교육, 복지, 주거, 의료, 육아 등 주민 삶의 질 전반으로 확산되는 것이 마지막 단계로 이 과정에서는 도시민이나 출향민들의 자발적 참여나 고향사랑 기부제 같은 매칭식 기금 조성 등과 연계하는 것이 바람직하다.

햇빛·바람연금 정책의 발전 방향

 기후위기, 저성장 시대에 진입하면서 사회적 전환, 문명적 전환, 생태적 전환이 강조되고 시민들의 관심도 크게 증가하고 있다. 전환기 정책의 특징은 기존 정책의 실패로 인해 정부 정책의 신뢰도 저하, 사회 현상에 대한 불안감 등이 반영되어, 지역이나 시민사회가 주도하거나 사회 현상을 개선하는 구체적 성과가 뚜렷한 정책들이 각광받게 된다는 점이다. 햇빛·바람연금은 지역 주도, 정량적 성과 확인 가능이라는 측면에서 앞으로도 일정 기간은 정부나 국민들의 관심사가 될 것이다.

 하지만, 서문에서도 이 정책이 초기 단계라고 규정한 바 있다. 햇빛·바람연금 정책은 현재 국민들의 관심을 받고 있지만, 농산어촌 일부 지역이 아닌 도시 지역까지 확대·적용할 수 있는 범용성, 대도시와 농산어촌 간의 형평성, 전기 수요와 공급 측면에서의 효율성을 확보하고, 중앙과 지방의 신뢰를 확대하기 위한 연구·협력 과제의 논의가 강도 높게 추진되어야 한다. 이는 햇빛·바람연금 정책이 이재명 정부에서 강조될 것으로 예상되는 기본소득, 사회적 금융, 에너지 고

속도로, 실용 정책과 연관성이 깊어, 향후 정책 추진 과정에서 도움이 될 몇 가지 제안을 가능하게 한다.

1. 햇빛·바람 등 공공재에 대한 혁신적 해석이 필요하다.

헌법 제120조에서 "국토와 자원은 국가의 보호를 받으며, 국가는 균형 있는 개발과 이용을 위하여 법률이 정하는 바에 의하여 규제와 조정을 한다."로 정의하고 있다. 국토와 자원의 관리 권한, 즉 재산권을 국민들로부터 위임받아 대행하는 것이다. 헌법 제23조에서 모든 국민의 재산권은 보장되며, 재산권의 행사는 공공복리에 적합하도록 하여야 한다고 규정하고 있으므로 이런 기준을 햇빛·바람연

헌법 조항	주요 내용	햇빛·바람연금 적용 근거
제23조 (재산권 보장)	재산권은 보장되지만, 행사는 **공공복리에 적합**해야 함	- 이익 독점 제한 근거 - 주민 이익공유 제도는 공공복리에 적합
제119조 (경제질서)	자유시장경제를 기본으로 하되, **경제민주화** 위해 국가가 규제·조정 가능	- 재생에너지 사업 이익 독점 방지 - 주민 참여형 연금제도로 경제민주화 실현

제120조
(국토·자원)
	국토와 자원은
	국가가 보호·규제·조정
	지하자원·수산자원·자연력은
	국가 관리 대상
		- 햇빛·바람도 **국가 관리자원**으로
		  규율 가능
		- 국가·지자체가 주민에게
		  이익 환원할 헌법적 책무

제122조
(국토 이용·
개발)
	국토의 이용·개발·보전은
	공공복리를 위해 법률이 정하는
	바에 따름
		- 태양광·풍력 입지 선정 시
		  주민복리 우선 고려
		- 햇빛연금제도는
		  국토 이용에 따른 정당한 보상

제34조
(사회권)
	모든 국민은 인간다운 생활을 할
	권리 보장, 국가는 사회보장 증진
	노력
		- 햇빛연금은 에너지 복지 및
		  지역복지 실현 수단
		- 주민 생활 안정과 삶의 질
		  향상 기여

금 정책의 초기 성공과정을 적용하여 헌법적 기반으로 해석해보면 햇빛·바람·국토 자원에 대한 혁신적인 해석이 가능함을 알 수 있다.

최근 시민사회의 공공에너지의 입법 요구는 햇빛과 바람은 국민의 소유이므로 이런 국토자원의 조정·관리를 책임지는 정부에서 앞으로 국토자원의 활용과 사업에 국민들의 기본권을 견지하는 입장을 취해달라는 것이다. 신안군 햇빛·바람연금 정책이 성공할 수 있었던 "햇빛과 바람, 바닷물은 주민들의 것"이라는 해석을 좀 더 확대하라는 것이다. 2025년에도 산불, 폭염, 폭우, 가뭄으로 인해 많은 국민들의 고통받고 있다. 매년 기록을 갱신하는 극단적인 현상으로 여러 영역에서 국토와 자원관리 정책의 개편이나 수정이 요구되고 있는 시점이니 공공재에 대한 혁신적 해석을 시도하면 햇빛·바람연금 정책이 더욱 확대될 수 있을 것이다.

햇빛·바람연금의 정책을 확대하기 위해서는 주민 수용성 확보가 최우선이다

박우량 군수도 인터뷰 과정에서 주민들이 재생에너지시설을 혐오시설로 인식하기 때문에 정책 추진이 어렵고 주민 갈등이 생기거나 주민 반대에 직면하게 되는 것이라고 강조하고 있다. 혐오시설도 시장·군수들이 지역 공무원들과 주민들을 적극적으로 설득하면서, 주민들에게 연금을 나눠 주고 소득이 될 수 있다는 인식을 심어줘야 하는데, 향후 정부 정책화에서 이 과정을 더욱 강조해야 한다.

박우량 군수도 여러 지방정부 강연에서 "신안 같은 골짜기에 노인들만 있는 곳에서도 하고 있는 정책이다. 지금 여기는 신안보다 여건이 훨씬 좋은 곳이니 자신감을 가지고 할 수 있다."라고 강조한 바 있다. 지방정부에서는 주민들을 설득하고, 자신 있게 추진할 수 있도록 정밀한 정책 설계가 필요하다.

도시 지역에서 햇빛·바람연금을 추진할 수 있느냐의 문제도 결국은 주민 수용성만 확보될 수 있다면 해결이 가능하다. 도시지역은 넓은 부지가 없고 토지 비용이 비싼 데다, 이해관계가 복잡하여 추진이 더 어려울 수밖에 없다. 하지만 박우량 군수가 전하고 있는 "햇빛과 바람과 바닷물이 주민의 것"과 "행정의 근본적인 존재 이유가 주민들의 삶의 질 향상"이라는 대원칙을 기준으로 세운다면 가능성이 열릴 것이다. 이미 많은 논의와 연구들이 나와 있고, 국외 여러 도시에서 적용하고 있는 사례도 다수 발굴되어 있다. 대도시지역은 현재 사용량 대비 절감하는 에너지소비량을 재생에너지 생산량과 동일한 기준으로 설정하되, 공간의 재생 개념이 중요하므로 기업과 건물주들의 적극적인 협조가 필요하다. 드론으로 지역을 촬영해서 옥외에 태양광이 설치 가능한 지붕 공간을 산출하는 일들이 AI를 통해 가능한 시대에 살고 있다. 적극적인 실증 사례 도출과 시장·군수의 의지만 있다면 점진적 도입은 충분히 가능한 일이다.

신안군 햇빛·바람연금 정책을 기준으로 도시형으로 정책을 구상한다면 아래의 표와 같은 포인트를 비교해봐야 한다.

주민 수용성의 문제를 농촌에 국한하는 것은 기존 여러 정책에서 발생된 시행착오를 다시 반복하게 되는 것이다. 도시, 도농복합 지역에서 난이도와 복잡성의 요인은 충분히 인정되나, 결국은 자본과 인구, 활동 역량, 기폭제들, 모든 성공요인도 함께 집중되어 있다. 햇빛과 바람이 농산어촌 주민들만의 것이냐?는 반문에서 정부는 재생에너지 개발 이익의 확대를 도시민에게 수용될 수 있는 전략을 고민해 봐야 한다.

구분	농촌형 햇빛·바람연금	도시형 햇빛·바람연금
공간 조건	넓은 토지, 바다, 산지 확보 가능	부지 부족, 토지·건물 비용 높음
주요 설치 장소	농지, 염전, 바다(해상풍력), 산지	건물 옥상, 벽면, 주차장, 공공시설, 아파트 단지
규모	대규모 발전 단지 중심	소규모·분산형 발전소 다수
주민 참여 방식	토지 제공, 지분 투자, 연금형 배당	입주민·건물주 공동 투자, 구독형 참여(커뮤니티솔라)
행정 역할	인허가, 주민참여 의무화, 수익 공유 제도화	공간 데이터 제공(AI·드론), 건물 옥상 개방 지원, 세제 혜택
기업·민간 협력	발전사업자와 지역주민 협동	건물주·기업 협력 필수, 임대옥상 활용
수익 구조	발전단지 수익 배당 + 지역 기금 조성	전기료 절감, 잉여 전력 판매, 공동체 기금화
주요 제약	환경영향, 경관 문제, 어민·농민 반발	이해관계 복잡, 초기 비용 부담, 공간 제약
기술적 특징	대규모 송전·저장 설비 필요	스마트그리드, AI 기반 에너지 효율화 결합
해외 유사 사례	덴마크 사모섬, 독일 에너지 협동조합	뉴욕 커뮤니티 솔라, 도쿄 건물 옥상 태양광, 암스테르담 아파트 협동조합

3. 중앙정부 신규 예산 반영 보다는 여러 정부 사업의 관점의 변화를 시도하라

신안군 햇빛·바람연금보다 그 범위가 작고 금액이 소액이지만 마을 단위의 지역 공동체나 마을 기업이 목적 사업을 통해서 공동체 소속의 특정 계층에게 소정의 연금을 지급하거나, 공동의 사업에 재투자한 사례들이 다수 발굴되어 있다. 재생에너지 설치 비용을 지자체나 지역 기업, 기관이 기증·설치하거나, 외부 지원 없이 순수 주민 협동조합을 통해 재생에너지를 설치하여 공동의 목적 사업을 추진한 사례도 있다. 또한, 최소한의 출자도 어려운 주민들은 마을 공동경비에서 출자하여 지원하는 사례, 재생에너지 설치보다 마을 가구마다 에너지 소비 패턴을 분석해 태양열 시공, 단열 및 보온 시공, 재생에너지 설치로 구분하여 지원한 사례도 이미 10년 전에 사례화된 바 있다. 이런 사례들이 초기에는 전국적 관심을 끌다가 몇 해 뒤 조용히 사그라드는 이유는, 재정이 열악한 지방정부에서 자체 재정의 지속적 투입 부담이 어렵고, 중앙과 지방이 정책적으로 단절되어 있기 때문이다.

새로운 정권이 창출되고 중앙정부의 신규 사업화에는 신규 예산 확보와 지원 근거 마련을 위한 제도 정비의 단계가 또 필요하다. 이런 과정을 거치려면 1~2년의 시간이 소요되고, 이 시간이 지나면 새 정부의 추진동력이 이미 약화되는 시점에 도달해버려 결국 유야무야되는 경우들이 많다. 현재 사업의 시급성과 예산의 효율성을 감안하다면, 기존 정부 중점 추진 사업에서 신규 예산 편성을 최소화하는 기준으로 지침이나 규정을 바꿔 주민 수용성부터 준비하는 단계별 추진 방법을 적극 검토해야 한다. 국내 발전소 주변 지원사업과 일반 농산어촌 개발, 도서지역 지원사업이 여러 부처별로 규모가 크므로 적절한 예산 조절을 통해서 접근하는 것이 효율적이다.

1. 발전소 주변과 송변전소 주변 지원사업의 지침을 바꿔 시설사업 외 기본소득과 연계된 연금사업을 할 수 있는 방안을 강구
2. 일반농산어촌개발사업, 어촌과 섬 지역 활성화 사업 중 지역개발에 관한 사업의 세부 사업으로 주민 참여 협동조합형 사업을 신설하고 햇빛·바람 연금 준비에 필요한 소프트웨어에 한정하여 추진 준비를 지원하고 준비 성과를 판단하여 다음 시설 단계로 진행될 수 있는 단계별 추진 체계 마련
3. 문화도시사업의 일부로 지역에너지 재생을 문화 재생으로 목표화하고 관련 준비에 필요한 소프트웨어성 사업을 인정하며 사업의 수익을 연금이 아닌 문화 프로그램 수혜로 받는 방안
4. 고향기부제 사업의 활용범위를 적극적으로 해석하고 출향민의 펀드 투자가 가능하도록 하여 그 수익을 다시 연금 형태로 지역 주민들에게 재기부하는 방안
5. 사회경제 영역, 공동체사업 영역에서 재생에너지를 활용한 협동조합의 사업 항목을 세분화하여 여러 중간지원조직에서 주민들의 요구에 따라 주민 교육과 사업 준비를 지원하는 방안

과도한 수준의 시설과 규모 중심의 농산어촌 지원사업의 폐해는 반드시 개선되어야 할 문제이다. 향후 농어민 기본소득의 논의에 진

전이 있으면 중복지원의 문제와 형평성의 문제가 부처간 반드시 발생될 수 있다. 결국 관점을 바꾸지 않으면 아무것도 보이지 않고, 아무것도 할 수 없다. 예산과 제도 정비 논의만 하다가 기후 적응 시기를 놓쳐 후세대의 부담이 증가하고 있는 시대적 상황을 인식한다면, 정부와 국회의 적극적이면서도 유연한 정책 해석을 촉구한다.

지역 공모 방식은 필패, 선택과 집중 통해 지역 특화방식으로 접근

역대 정권의 핵심 공약들이 대부분 지역 공모 방식을 통해 선정된 지역에 예산을 지원하는 방식으로 햇빛·바람연금을 추진하면 반드시 실패한다. 이는 앞서 기술한 도시지역의 수용성의 문제와도 연관된 문제이다. 살인적인 공모 경쟁에 지역 주민과 공무원들의 피로도도 너무 높고 결국은 정치권의 이해관계에 따라 최종 선정이 좌우될 수밖에 없어 사업성과가 예상되는 지역들이 선정되지 않을 가능성이 있다. 박우량 군수도 햇빛·바람연금 업무는 공무원들이 매우 기피하는 업무이므로 승진, 포상 등의 계획까지 제시해야 한다고 강조한 점에 주목해야 한다. 이런 류의 정책들은 사업 추진이 적합한 지역들을 먼저 예비 지역으로 선정하고 초기 진입 장벽을 낮춰 지역 사업 설명회, 여건 조사, 단계별 주민 교육, 투자 자금 확보, 계획 수립의 단계별로 나아가는 방식이 적합하다. 시장·군수와 몇 명의 지역 리더가 용역 회사들과 계획서만 잘 만들면 예산을 지원받는 방식은 이제 없어져야 한다. 지역의 민관 협력 체계, 탄소중립센터, 에너지센터, 사회적경제지원센터, 마을만들기지원센터 같은 중간 지원 체계가 잘

짜여져 있고 역량이 검증된 지역들은 사업의 기획과 준비부터 주민지원 참여형으로 정책을 설계하는 것이 좋은 방법이다.

지역 특화의 문제는 범위나 주체 선정의 어려움이 있어, 정부에서는 발전소 주변으로만 사업을 한정해버릴 가능성이 매우 크다. 기존 정책의 틀을 유지하면서 사업 소재나 사업에 이름만 넣는 방식으로 햇빛·바람연금 정책으로 내세울 가능성도 높다. 지역 특화의 문제를 사업 주체, 소요 재원, 활용 소재, 설치 지역 등을 고려하여 사업의 형태를 세분화하여 다양성을 인정하는 것에서부터 출발한다. 경직된 사고와 하향식 구조로는 다양성을 설계할 수 없다. 이는 정책 최초 기획단계에서부터 얼마나 많은 현장 조사와 숙의 공론의 장을 거쳤느냐가 바로 나타나는 지점으로, 대부분 정부 지원사업 구조에서 개선이 필요한 부분이다. 에너지생산량에 따라 연금의 지급액은 낮추되 주민 삶의 질 정책을 보강해주는 방법, 햇빛·바람연금 정책과 지방정부지원 사업을 패키지화하는 방법 등 여러 방식으로 필요한 특화 사례를 만들어내야 한다. 이재명 정부 기후 에너지 사업의 성패는 농림축산식품부나 해양수산부 장관의 협력에서 승패가 결정된다는 비유는, 한 개 부처의 힘만으로는 혁신적 과제 도출이 어려우니 여러 부처가 협력해야 하는데 상대적으로 농산어촌 지역에 현장을 많이 갖고 있는 두 부처가 적극적으로 협력해야 이런 사업의 성공 가능성이 높아진다는 것이고 아예 기후에너지 전담 부처를 만들어 주요 사업으로 추진하는 것이 가장 효율적이다.

햇빛·바람연금으로 지역이 웃는 날이 오길

앞으로 이런 투쟁기는 기록되지 말아야 한다. 우리가 맞이하고 있는 2025년 10월, 전환과 혁신의 시간들을 국민들이 다시 되찾아주었다고 하는 정치권의 믿음이 진실하다면, 기후위기와 저성장의 근본적 원인인 사회 불평등·지역 불평등에 맞서 주민들의 불편을 개선하고 불합리한 제도와 규정에 맞서 싸우면서, 주민들의 상처 입은 마음에 무슨 색깔을 입혀야 행복할까를 고민하는 박우량 군수의 힘든 여정이 투쟁기로 기록되는 일들이 다시 반복되지 않기를 희망한다.

부록

1. 신안군 현황과 재생에너지 여건

2. 햇빛·바람연금 관련 신안군 주요 조례 현황

부록

1. 신안군 현황과 재생에너지 여건

햇빛·바람연금 구상에는 지역적 특성의 해석과 반영이 가장 중요

신안군은 14개 읍·면으로 전라남도 서해안 최서단, 다도해 해상에 위치, 면적은 약 655.5㎢으로 서울시의 22배에 달한다. 유인도 72개, 무인도 932개의 섬으로 구성되어 박우량 군수의 아이디어로 1004 천사섬으로 불린다. 인구는 약 3만 8천 명으로 최근 3년간 증가 추세이나 인구 고령화(43% 내외)가 뚜렷하다. 섬으로 이루어진 신안군의 자연적 여건은 탄소중립과 재생에너지 추진에 유리한 요소를 많이 갖고 있다. 일조량이 전국 평균보다 월등하고 토지 가격이 상대적으로 저렴한 점, 바다가 대부분이어서 해상풍력의 구상이 용이한 점, 섬과 섬 사이에 조력을 활용한 발전이나 영구 보존이 약속된 갯벌의 탄소 축적 등 다양한 이점을 갖고 있다.

신안군 입지 여건

타 지자체보다 월등한 일조량
전국 3.6시간 〈 신안군 4시간

저렴한 토지 가격 대규모 토지
염전 37.5㎢(1,134만 평) / 논 104㎢(3,146만 평)

해상풍력 입지 효율성
최고 평균 효율 약 28%, 서울시 22배 바다 면적 수심 50m 미만 1,803㎢

그림 28 신안군 현황지도(자료제공:신안군)

부록

2. 햇빛·바람연금 관련 신안군 주요 조례 현황

1) 18차례를 개정한
「신안군 신·재생에너지 개발이익 공유 등에 관한 조례」 주요 내용

신안군 햇빛·바람연금 정책의 핵심사항을 규정하기 위하여 18번 개정된 조례이다. 조례의 목적에서 신안군의 공공자원인 태양광과 풍력자원 등의 개발 이익을 신안군민에게 공유하고 개발 및 운영과정에서 발생하는 주민의 피해를 산정 및 보상한다고 규정하고 있다. 공공자원의 개발 이익을 주민과 공유하는 내용이 타 법률이나 자치단체 조례로 규정된 부분이 있는지 부분적으로 살펴본 결과 제주도에서는 초과이익에 대해서만 공유하는 내용이 반영되어 있고 공공자원 개발이익은 다시 지역발전에 활용하는 방식의 애매한 표현이 대부분이었다. 신·재생에너지 산업을 활성화하거나 이를 위한 지원 조례가 다수인 현실에서 "신안군민에게 공유한다"는 문구가 조례의 핵심 내용이다.

정의에서는 "개발이익 공유화 계획", "주민조합", "통합관리시스템", "햇빛아동수당"과 "햇빛아동장학적금"을 정의하고 있다. "개발이익 공유화 계획"이란 발전사업자가 공적자원인 신·재생에너지를 이용한 개발이익을 주민에게 환원하기 위하여 별표의 기준에 따라 주민과 신안군의 지분참여율을 포함하여 설립한 법인 또는 발전사업에 관하여 작성한 사업 계획으로 정의하고 있고 주민 갈등이 없도록 구체적인 참여 주민 지분율, 발전소와의 거리별 가중치 산정을 처리, 관리하는 시스템을 조례에 정의하였다.

"개발이익 공유화 계획"이란 발전사업자가 공적자원인 신·재생에너지를 이용한 개발이익을 주민에게 환원하기 위하여 별표의 기준에 따라 주민과 신안군의 지분참여율을 포함하여 설립한 법인 또는 발전사업에 관하여 작성한 사업 계획을 말한다.

"주민조합"이란 주민과 신안군이 별표의 기준에 따라 발전사업에 지분을 참여하기 위하여 공동으로 설립한 협동조합을 말한다.

"신·재생에너지 주민참여 통합관리시스템"이란 신안군 신·재생에너지 주민참여 발전사업, 참여주민 지분율, 발전소와의 거리별 가중치 산정 등을 처리·관리할 수 있는 시스템을 말한다.

"햇빛아동수당"이란 신안군 신·재생에너지 관련 재단에서 신안군에 주민등록이 되어 있는 「아동복지법」 제3조제1호에 따른 아동에게 지급하는 발전소의 주민참여수익금을 말한다.

"햇빛아동장학적금"이란 신안군에 주소를 둔 18세 미만 아동을 대상으로 관내 7개 지역농협에 개설된 적금 상품을 말한다.

조례에서 아래 별표 부분만 6번이나 개정한 것을 보더라도 주민 갈등의 해소를 위해서는 합리적인 원칙의 설정이 가장 중요함을 보여주고 있다. 가중치의 산정을 최대한 주민들의 이익을 높이면서 논리적인 방향으로 어선어업에 종사하는 주민, 변전소 주변지역 거주민, 7세 미만의 영유아에 가중치를 더한 부분에서 햇빛·바람연금의 정책 지향이 어디에 있는지를 살펴볼 수 있다.

부록

[별표] <개정 2020.12.31., 2021.03.18., 2021.05.24., 2022.4.4., 2023.10.10., 2024.4.11.>

주민과 신안군의 공동 지분참여 가중치 산정표(태양광)
(제2조제4호 및 5호 관련)

구분	해당지역 범위ⓐ	태양광 주민	태양광 신안군	비고
1	발전소 반경 100m 이내	4	지분참여 권리	
2	발전소 반경 100m 초과 ~ 500m 이내	3		
3	발전소 반경 500m 초과 ~ 1,000m 이내	2		
4	발전소 반경 1,000m 초과 발전소주변지역	1		
5	발전소 주변 지역 외 신안군 전지역	0		

주민과 신안군의 공동 지분참여 가중치 산정표(해상풍력, 조류 등)
(제2조제4호 및 5호 관련)

구분	해당지역 범위ⓐ 100MW 미만	해당지역 범위ⓐ 100MW 이상	해상풍력·조류 등 주민	해상풍력·조류 등 신안군	비고
1	발전소 반경 1km 이내 발전소 주변지역	발전소 반경 1km 이내 발전소 주변지역	4	지분참여 권리	
2	발전소 반경 1km 초과 ~ 2km 이내	발전소 반경 1km 초과 ~ 2km 이내	3		
3	발전소 반경 2km 초과 ~ 5km 이내	발전소 반경 2km 초과 ~ 5km 이내	2		
4	발전소 최근접 읍·면	신안군 전 지역	1		

[비고]

1. 주민과 신안군의 공동 참여 지분은 발전소 설립 법인 자기자본의 비율을 30퍼센트 이상으로 한다.
2. 주민 1명당 지분기본액(X) : 총 주민 지분액/{(해당범위 주민 수 × 적용 가중치 × X) + (해당범위 주민 수 × 적용 가중치 × X) + …}
3. 태양광발전소의 경우 기준표의 비율에도 불구하고 섬의 경계를 넘어가지 않는다.
4. 해상풍력 및 조류 등 공유수면에 설치하는 발전소일 경우 어선어업에 종사하는 주민은 기준표의 해당지역 범위 내에서 적용비율에 가중치 1을 더한다.
5. 각 항목 중 주민수 등에 따른 가중치가 불합리할 경우 신안군 신·재생에너지심의위원회 의결을 거쳐 조정할 수 있다.
6. 주민 1명당 지분에 따른 수익은 발전원(태양광, 해상풍력 등)별 최대 연간 600만 원이하로 한다.
7. 「신안군 변전소 주변 지역 지원에 관한 조례」 제2조에 해당하는 지역에 거주하는 주민은 기준표의 적용비율에 가중치 1을 더한다.
8. 7세 미만의 영유아는 기준표의 적용비율에 가중치 1을 더한다.

부록

군수의 책무에서는 강행규정으로 신재생에너지 개발 이익을 향유하도록 하면서 발전사업자의 인허가 노력을 규정하고 있다. 관련 법률이나 타 지역 유사조례에서 주민 이익의 규정에는 임의 규정을 쓰는 관행을 깨는 사례로 박우량 군수의 강력한 추진 의지를 엿볼 수 있는 대목이다. 신안군을 벤치마킹하고 돌아가는 지방정부들이 바로 추진을 포기해 버리는 이유가 여기에 있다.

군수가 주민들에게 정책을 설명하고 홍보할 수 있도록 하는 내용은 햇빛·바람연금 정책의 전면에 군수가 나서야 한다는 의지를 반영한 것이다.

"군수는 신·재생에너지를 활용한 개발사업을 통하여 얻는 이익을 신안군민(이하 "군민"이라 한다)이 향유할 수 있도록 하여야 한다."

"군수는 신·재생에너지 발전사업자가 개발이익 공유화 계획을 제출하여 제6조의 신안군 신·재생에너지심의위원회 심의결과 선정된 발전사업에 대해서는 개별 법령에 따른 인·허가를 받을 수 있도록 하여야 한다."

"군수는 주민조합이 주민참여수익금 지급 등을 할 경우, 주민의 신재생에너지 정책 참여를 독려하기 위해 신재생에너지 정책을 설명하고 홍보할 수 있다."

군수의 지원 규정에서는 주민 조합의 운영비 지원과 공유 재산의 사용 허가와 임대료의 감면 규정을 살펴봐야 한다. 협동조합의 자립만을 강조하거나 독자적인 운영을 강조하고, 공유재산의 활용과 관련된 규정이 없다면 자칫 주민 조합은 설립하자마자 아무것도 할 수 없는 조직이 되는 사회적경제 영역에서의 오류를 적극적으로 개선한 것이다.

"군수는 주민으로 구성된 주민조합 운영 활성화를 위해 예산 범위에서 운영비를 지원할 수 있다."

"군수는 주민조합이 신·재생에너지 보급사업을 위해 공유재산이 필요한 경우 「신에너지 및 재생에너지 개발·이용·보급 촉진법」에 따라 공유재산을 수의계약으로 대부계약 체결 또는 사용허가를 하거나 처분할 수 있으며, 임대료를 100분의 50의 범위에서 경감할 수 있다."

발전단지의 신청과 발전단지의 지정 고시단계에서도 개발 이익 공유화를 강조하고 있다. 발전사업자의 자격 기준을 규정한 내용중에도 "개발이익 공유화 계획을 제출"토록 하고 있으며, 발전단지 지정 고시에도 "개발이익 공유화 계획" 제출이 의무화되어 있다.

주민 참여 지분에 관한 사항에서는 이를 채권 펀드로 규정해 참여 방식을 넓히고, 지분 배분 또한 다양화한 점에 주목해야 한다. 사업비를 주민들이 분담하는 방식은 현재 일부 공동체 활동영역에서 "공동체 자산, 마을 자산"의 논의를 실증할 수 있는 사례로 향후 국가 정책이나 지방 조례에도 적극 반영이 필요한 부분이다.

부록

주민과 신안군의 참여 지분은 발전소 설립 법인 등의 주식, 채권, 펀드 등으로 하고, 발전소 법인 등의 지분율의 30퍼센트 이상 또는 총 사업비의 4퍼센트 이상으로 한다.

신안군은 주민과 공동으로 참여 지분에 참여하는 권리를 갖는다.

또한 외지에서 전입하는 주민 참여 지분의 효력 발생을 40세 이하, 50세 이하, 50세 초과로 규정한 부분도 4번이나 개정한 내용으로 많은 갈등과 고민이 있었음을 보여주는 대목이다. 농산어촌의 자본력이 있는 공동체법인들이 대다수 외지인의 참여를 3~5년 거주 후로 제안하거나 아예 참여하지 못하도록 하는 사례들을 자주 접할 수 있는데 이런 조례 제정을 통해서 공동체의 기준을 확실히 정하고 갈등

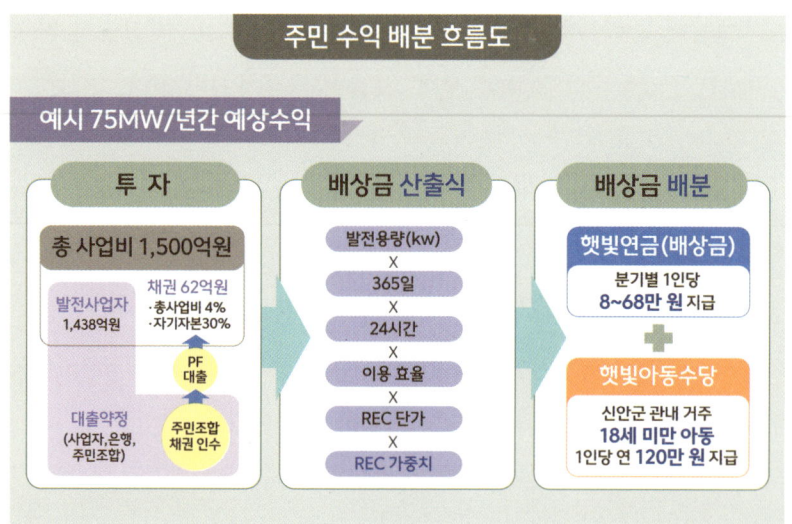

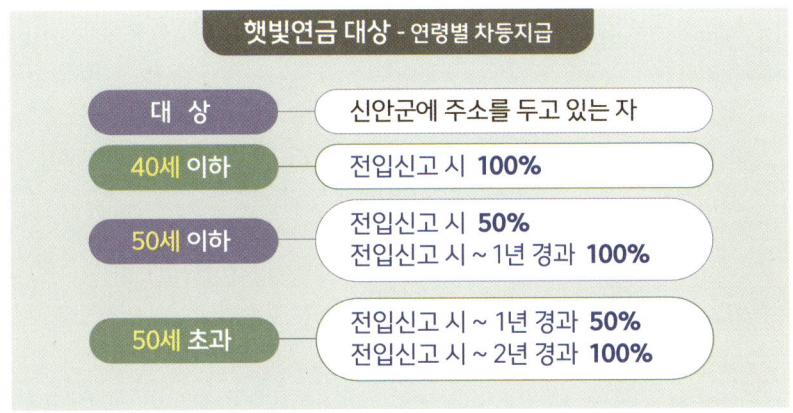

을 조정하여 주민 수용성을 높이는 방식도 매우 효과적이라는 것을 신안군에서 보여주고 있다.

이 조례 최초 시행 이후 「주민등록법」 제16조에 따라 신안군으로 전입한 주민은 각 호의 기준에 따라 참여지분권리를 행사할 수 있다.

1. 40세 이하 : 전입신고한 날 참여지분권리 100퍼센트
2. 50세 이하 : 전입신고한 날 참여지분권리 50퍼센트, 전입신고한 날부터 1년 경과한 날 100퍼센트
3. 50세 초과 : 전입신고한 날부터 1년 경과한 날 참여지분권리 50퍼센트, 전입신고한 날부터 2년 경과한 날 100퍼센트

햇빛아동수당의 지원은 햇빛·바람연금 정책의 발전, 확산 방향을 보여주는 중요한 일면이다. 실제 연금류의 정책은 포퓰리즘이나 기업의 자본과 이익 침해로 몰아가기 쉬운 것이 대한민국의 현실이다.

> **햇빛아동수당**(햇빛연금 수령 읍·면제외)
> - 지급대상 : 신안군 18세 미만 아동 지급
> - 지급금액 : 120만 원/년 ('23년 40만 원 → '24년 80만 원 → '25년 120만 원)
> - 총지급액 : 53억 원 ('23년 11억, '24년 24억, '25년 상반기 18억)
> - 지급인원 : 약 2,998명
>
> **2024년 햇빛아동적금 추진**
> - 가입현황 : 1,356명 가입 (총대상자 약 2,998명 / 45.2%)
> - 가입혜택 : 7.5% 이자 (지역농협 4.5%, 협동조합 연합회 3%)

연금을 통해 취득한 이익을 지역 사회에 다시 여러 가지 방식으로 환원하는 것이 많은 경제학자들이 외치고 있는 '지역순환경제'의 핵심이다. 자연을 통해 취득한 이익을 지역 사회의 취약한 구조로 순환시켜 주민 삶의 질을 확장하는 것이다. 발전 용량은 수익률과 직결되므로 발전용량에 따라 합리적으로 규정한 점이 신안군 햇빛·바람연금 정책의 디테일을 보여주는 지점이다.

> 주민참여수익금 배분 개시한 주민조합은 다음 각 호의 주민참여 총 발전 용량 기준에 따라 주민참여수익금의 10%를 햇빛아동수당으로 지원해야 한다. 다만, 기준을 초과하는 경우에는 그 초과분에 따른 주민참여수익금의 50%를 지원한다.
>
> 읍·면 소재지 섬 : 100MW / 100가구 이상인 부속 섬 : 50MW /
> 100가구 미만인 부속 섬 : 20MW

앞선 규정에도 불구하고 해상풍력 100MW 미만 발전소의 발전사업자는 주민참여수익금 중 40%를 햇빛아동수당으로 지원해야 한다.

2) 「신안군 군민펀드 신·재생에너지 개발이익 공유 등에 관한 조례」 주요 내용

박우량 군수의 햇빛·바람연금을 통한 소득, 주거, 교육, 의료, 육아 5대 기본 사회 구축은 '신안군민펀드'라는 구상이 실현되어야 한다. 이 조례에서는 '햇빛과 바람'을 구체적인 자원으로 규정하고 있으며 조례의 목적에서 본문에서도 여러 차례 강조된 '주민 수용성'확보를 우선적으로 정의하고 있다. 구체적이고 세부적인 상위 법령이 없는 이 조례도 앞으로 18번 정도 개정하는 과정을 거칠 것으로 예상되지만 군민들을 지원의 대상에서 확대 해석하여 사업의 주도권을 갖는 사업의 주체로 하여 연금 수익을 최대화하는데 의미 있는 조례이다.

전국 최초 신재생에너지 신안군민펀드 추진

- 사 업 명 : 신안우이 해상풍력 발전사업
- 펀드규모 : 1,000억 원 (1인당 200~400만 원)
- 참여대상 : 신안군민, 협동조합 등
- 수 익 률 : 연 최대 8% (기본금리 6% + 지원금리 2% *rec 수익에 따른 변동)
- ➡ 참여열기 감안

1조원 펀드	→ 5조원 펀드	→ 10조원 펀드
신안군민	→ 전남도민	→ 전 국민
(송·변전설비 주변지역 주민)	(계통선로주민 우선)	(저소득주민 우선)

부록

시범사업으로 신안군민펀드 1,000억원을 조성하여 햇빛·바람연금 사업을 최대한 확대하겠다는 계획이다.

이 조례는 신안군의 공공자원인 햇빛과 바람 자원을 이용한 발전사업에 주민소득 증대 및 수용성 확보를 위하여 신안군민펀드 조성 및 지원에 필요한 사항을 규정함으로써 신안군민의 발전사업 참여 확대와 재생에너지에 대한 이해 증진에 이바지함을 목적으로 한다.

- "신안군민펀드"란 신안군의 공공자원인 햇빛과 바람 자원을 이용한 발전사업에 주민 등이 참여하게 할 목적으로 신안군수(이하 "군수"라 한다)가 조성한 펀드를 말한다.

- 군수는 재생에너지 발전사업에 주민 상생과 주민참여 확대 방안을 마련하여야 한다.

- 군수는 발전용량 40,000kw 이상 추진하고 있는 발전사업자와 「자본시장과 금융투자업에 관한 법률」 제12조에 따라 인가받은 금융투자업자 또는 「온라인투자연계금융업 및 이용자 보호에 관한 법률」 제5조에 따라 등록된 전문기관과 업무협약을 통해 신안군민펀드를 조성할 수 있다.

- 태양광 및 육상풍력 발전설비에 대한 신안군민펀드는 해당 읍·면 주민 및 해당 발전사업의 송·변전설비 주변지역 주민이 우선으로 참여하고, 100,000kw 미만 해상풍력 발전설비에 대한 신안군민펀드는 최근접 읍·면 주민 및 해당 발전사업의 송·변전설비 주변지역 주민이 우선으로 참여한다.